伶姬作品集

如來世 3

因果論 一

伶姬 著

楊序

楊子敬
前任刑事警察局局長
現任潤泰集團安全總顧問

如來世，如來的世界

「如來世」是本冊的書名。「如來」是作者筆中的「祂們」、「老天爺」，可能是一般人心目中的聖母瑪麗亞、觀世音菩薩，或是佛陀、耶穌，或者是摩西、媽祖，或許是阿拉眞主、土地公……等等。總而言之，就是引導世間人踏上「爲善」之道的「聖者」。而作者，只是「祂們」最忠實的傳話者——即席翻譯機器。

因爲「祂們」存在於作者所謂的「另一時空」，或一般人所稱之「靈界」，或許祂們的「磁波」跟世間人稍有不同，所以必須藉著「通靈人」，才能將祂們的相關訊息——指點迷津暨解惑之道，傳遞給世間人。

據了解，作者並無熱中的宗教信仰，而常提「祂們」只是代表這些「聖者」的象徵性統稱。作者認爲，如來的世界就是衆多「聖者」共容的另一個「大同世界」，是惟善至上的「淨」界。隨之，作者的因果理念也跨越任何的宗教。

所以，研讀作者著作的讀者，並沒有侷限在某些特定宗教的信徒。

所以，作者在美國所舉辦的座談會，連「ㄚ度仔」也報名來參加！

如來世，如來的世界，一個「靈異」的世界。一個世間人很陌生的遙遠「時空」。正如作者說的，每個通靈人所形容的靈界，似乎就像是「瞎子摸象」，各說各的。

「靈異」的世界，是否眞的存在？長久以來，一直沒有具體且科學化的根據可稽。

縱然不知道如來的世界，我們也能過活；認識如來的世界，我們照樣得辛苦過日子，所以，作者勸大家千萬不可執著，不要迷信，應該活在當下，遵守現世時空的「法、理、情」，爲自己所作所爲的一切負責，這才是最重要的人生修行課題。

如來世，如果有來世

假如有來世，假如「因果輪迴轉世」是眞的，我，前一世的「因」是如何？這一世的「果」到底是還債？討債？或是既還債又討債……。至於下一世的「我」，又因爲這一世所種下的「因」，會帶給「我」自己什麼樣的「果」報呢？

假使眞的有「因果輪迴轉世」，爲了在未來世得善「果」，日子可以過得心安理得，那麼在這一世裡，一言一行、一舉一動，都必須要時時用心、處處留意。盡可能的多播種善「因」，絕不留下惡「因」，遺憾後世！

如果有來世，人人爲了來世，今世就得兢兢業業經營——「學習」與「服務」。生命原來有因有果，生生世世的歷程就是學習與服務。

學習：「多做——該做的事，遠離——不該做的事。」

服務：「走到眞正需要幫助的地方，服務眞正需要幫助的人事物。」

當大家學會了、也做到了毫無期待地付出與服務，那就是「行善」！就是「修行」！那不就營造一片極樂世界——如來的世界。

善哉！善哉！

祝福各位

二〇〇五年三月飄雪夜

附記：我對宗教並沒有深入的研究與了解，本篇序文純屬個人的見解。

目次

學習／261

為什麼

寫這一篇，必須事先聲明一下，絕對不是要擋人財路，只是太多的疑問有待別人為我指點，也許我也有答案，但總是希望聽聽別人的想法。

雙胞胎，同父同母，同時同地出生，可是到頭來，絕對不會是相同的命運，爲什麼呢？如果不同的命運是因爲名字的關係而有所不同，那麼同名同姓的人就可以把他們之所以會有不同的命運歸諸於不同的父母，不同的出生時地了。眞的是這樣子的嗎？當然了，世界上的每一個人在出生時那一刹那的所有條件因素，絕對不會是完全相同的，也就是因爲如此的「天上地下，唯我獨尊」，所以才更値得我們看重自己，珍惜自己的存在。

如果我們有辦法，計算出所有不同的條件，那麼事情也就好辦多了，也許老天爺眞的是有一部超大型電腦，可以輸入這麼多的不同因素，而決定每一個世間人的一生。但是，地球上的國家那麼的多，種族又複雜，戰爭又不停……，哪會有一個固定不變的「定數」供我們研究，讓我們參考呢？很簡單的例子，一樣是中國人，要用繁體字，還是用簡體字來研究姓名學呢？

如果用坊間的算命方法，那我只好說「出生爲人」實在是有夠悲哀了，爲什麼？因爲他不能選擇所有的一切條件，例如：國家、種族、父母、出生地點、時間、性別、姓名等等。想改八字，那麼來個剖腹產如何呢？但做父母的有辦法可以選擇兒女嗎？做兒女的難道又有什麼辦法可以選擇父母呢？長大了，八字改不了，總可以改個名字吧，但是，有用嗎？你一定可以跟配偶白頭偕老嗎？你保證一家人從此過著幸福美滿的日子嗎？你說，那麼我乾脆不結婚，可以，但你有把握終其一生無憂無慮，自在又逍遙嗎？

我有一個朋友會用姓名學幫人算命，我們也常思考這個問題，改名字之後眞的能改命嗎？也許是時間上的巧合，剛好這個人的命運走到這個地步，不知情者，還以爲是自己運氣好碰到了貴人，得到了貴人的指點。說不定不用改名字，不遇到貴人，也照樣會走運，照樣活得好好的。另外的一種講法就是，此人的命運就是「被注定」出生在會幫他改名字的家庭。有沒有效，心安就好。就如同我這位朋友常說的一個笑話：「想要改名字，可以，連姓一起改！」依我個人的意見，我寧可認為是在改了名字之後，因為對新名字有了新的一番見解，繼而對未來抱著希望與期待，就在這希望與期待的過程中，不知不覺改變了自己的個性，從悲觀的怨天尤人漸漸地轉變成為樂觀的積極進取，那麼，久而久之，就因為這種「心轉」的改變造成了命運的不同。請想一想，改變您命運的動力到底是名字呢？還是您的心態、您的行為呢？

再來，談談中國人最講究的風水地理。一般來說，我們只是看到當前的景象，很少人會料到也許幾年之後前面蓋了高架橋，後面挖了地下鐵，旁邊變成了高速公路的預定地，被政府強制徵收了……，太多的變數，改變了原本的估算與期待。至於地底下的地氣流動，又有幾個人看得到呢？更重要的一點，又是自轉又是公轉，地球難道是靜止不動的嗎？而那些看得到，那些知道的人，他們又一定能夠得到嗎？就算得到了那塊地，又難保那一日不被「破相」。

很簡單的一個例子，活生生的範本，二〇〇一年一月初，「秦皇陵的兵馬俑」不是正在台灣展覽嗎？想想那要有多大的權力才可以「號召」（我姑且不用「逼迫」）這麼多的人力來進行這個工程？而我們從歷史上也知道，秦始皇一心一意想求長生不老的丹藥，憑他的一切，他還有什麼辦不到的呢？但是肉體畢竟是肉體，不但沒有長生不老，他的「王國」也只在歷史上佔了一小格而已。（話雖如此，但是我個人還是很欽佩秦始皇的一些遠見，譬如統一文字、貨幣、度量衡、車軌等等。）

曾經有一對夫婦和他們的家人一起來找我，一坐下來就對我說：「陳太太，你知不知道我媽媽的墳墓在哪裡呢？」天啊！這是個什麼樣的問題呢？他以爲我是誰啊！我很好奇地問他們：「對不起，我實在不清楚你們到底想要知道些什麼。」其中一人告訴我：「陳太太，事情是這樣的，我哥哥聽地理師說，我媽媽的墳墓地理不好，會破壞到他們那一家人的福氣，於是趁著半夜，把我媽媽的屍骨偷偷挖走，另外找別的地方埋葬，可是他都不肯告訴我們，到底他把媽媽葬到哪裡去了。清明節快到了，我們卻不知道要到什麼地方去掃墓。」

我的父親，聽說我會看地理之後，要我對家族墓提出我的看法。（我的家人都是從外人的口中才知道我有一些奇奇怪怪的能力。剛開始的時候，家人都認爲我是走火入魔，刻意和我保持距離，我也只好隱忍著內心的酸痛，照樣爲別人服務。祂們一直鼓勵我告訴我要忍耐，祂們會讓外人來證明我的能力。直到白案發生，家人才眞正承認我的能力正視我的存在。各位不妨算一算，我忍了幾年，這是通靈人的悲哀。）這個家族墓當初是請另一個地理師鑑定的，也早就整理妥當。我很客氣地問爸爸：「爸爸，我知道這個家族墓總共請進了好幾代族人的骨灰，在世的後代子孫就分成了好幾支，總共就有兩三百人。如果你是要我改變一下，那麼你必須要先告訴我，到底是哪一支系想要旺盛呢？決定了那一支系之後，你還要告訴我，到底是要選擇在哪一代興旺呢？舉個例，是要在你這一代旺？還是兒子這一代旺？還是孫子那一代旺呢？還有最重要的是，族人裡面誰有權力去決定改變家族墓的地理呢？你要先說清楚，我才能講明白。」結果呢？可想而知，我省了一番口舌，也不必上山看現場了。

世間人到底在求什麼呢？求永生？還是求永恆？台灣土地這麼的有限，環保這麼的重要，可是我們卻還常常會聽到有人感嘆著說：「唉！連死人都要爭地。」拜託！想清楚！可千萬別把這種責任都怪到死人頭上去了。眞的是死人在爭地嗎？活的人在生前，爲自己看方位，爲自己覓地，爲自己買靈骨塔；一旦人死了，他的子孫爲了以後著想，於是爲他看方位，爲他覓地，爲他買靈骨塔……不妨好好地深思一下，如果我建議將上面的那一句話改成爲——是活人在爲活人爭地，各位以爲如何呢？到底要等到什麼時候，世間的「活人」才能夠眞正學會放下，瀟瀟灑灑地丟下這個臭皮囊呢？

陽宅又該怎麼辦呢？（我眞的會引起五術界的公憤了）如今大部分是大樓、公寓，光是想到管道的通暢，就不知該如何下手（應該說是不忍心下手）去改廚灶、改衛浴了。至於大門、床位等的方向，請問，如果一家人是由幾個人組合而成，那麼到底該依誰的命盤去排方位呢？以父爲主？以母爲主？還是以將來的希望將來的寄託——孩子們爲主呢？那又該依那一個孩子呢？這麼說來，爲了看陽宅還得先排一家人的命盤，這種事情眞的是「說來話長」。

我同事的公公非常相信陽宅地理這一回事，她說每年一過完農曆春節，她們家就得來一次大搬動，首先當然得對照羅盤在牆壁上畫出不同的方位名稱，然後再根據每個人的八字來決定這一年這個人該睡在哪裡。結果每年總是在敲敲打打中度過，好不熱鬧。只要一進這個社區，問說：「我想要找那一家大門是斜的人家。」保證有人會帶路。至於室內呢？有一年，孫子被迫睡在客廳的內側；有一年，老人家自己睡在客廳一進門的地方；更有一年，特地另外再買了一座懸掛式的小佛桌放在臥室裡。自從老人家中風後，對於陽宅地理更是深信不疑，兒孫也沒轍。媳婦問說爲什麼她夫妻倆沒有分開排八字呢？公公回答說：「我只根據兒子的八字算。」

各位知道嗎？我是住在土城中央路的時候才會通靈的，那時候我住的是一間樓中樓的房子。相信嗎？樓下的佛桌不偏不倚地就正對著上樓的樓梯，而樓梯旁就是廁所。這個佛桌的位置是我自己決定的，那時候我還不會通靈，只是我以為菩薩供奉在這裡，全家人走來走去，一定都看得到祂們。我總是一廂情願地認為再好的陽宅地理都比不上一個乾淨而又溫暖的窩，以前是，現在是，將來也一定還是如此。就用一句話總結吧！這是我那一向很講究風水陽宅的父親，在走過了人生的七十寒暑之後，有感而發的對他的子女說：「沒什麼啦！福地福人居而已，做人比較重要！」

我不是反對算命、看方位等等，上天有好生之德，在這麼多的卜術之中，祂們總是會透露出部分的玄機，為的就是讓世間人或多或少的能夠猜測到或學習或領悟到它的一些內涵。我們也可以用「統計」的觀念來看待這些理論、原則，或許也可以稱它們為「考古題」。

如果各位以為改名字、改方位……，可以讓各位覺得心安，我絕不反對，但是通常會有一個情形，就是十個師父起碼五個答案，到底是要聽誰的呢？如果費用又不便宜的話，那怎麼辦呢？我的建議是：不假外求，往內求，將自己的命運，完完全全地操縱在自己的手中。台灣坊間，動不動就說要「辦法會」，要「超渡」，要燒金紙給神明，要燒銀紙給祖先、給好兄弟……，我無法說這是陋習，我只能說這是「民俗」了。要到哪個時候，宗教信仰才會跟著時代在改變呢？幾千年前的東西，如果還能適用在現代，那應該是指它的精神，而不是它的儀式。

說個笑話，現在不是很流行說：「以前用現金就燒銀紙，用支票就燒玩具支票，而今用信用卡、簽帳卡，當然就得燒假的信用卡、簽帳卡。」那麼我請問各位一下，如果以後只要按指紋就可以了，那麼要燒誰的指紋呢？

很簡單的一個觀念，姑且不管「花錢多少」的問題，（我常說的口頭禪——只要能夠用錢正當的解決問題，那就好辦了。）想想，當整個地球村都在提倡環保，而號稱「美麗的寶島」——台灣，卻還在砍樹木、印紙錢、製造空氣污染……，我眞想對老天爺說：「就把台灣給放棄了吧！不値得的！」當我們口口聲聲地指責那些爲了生計而種植檳榔的人，破壞了水土保持，造成了土石流，有沒有回過頭來想一想，其實有些宗教界的觀念所造成的錯誤儀式也好不到哪裡去。

就算各位反駁我說：「我們又不燒金紙銀紙！」是啊！那我倒要請問各位了，在山坡地蓋了那麼大片的寺廟，又爲的是什麼呢？難道是菩薩神明指示要住那麼大間的房子嗎？這種菩薩不拜也罷！我想是活的人想要住那麼大間的房子吧。當然了，也許會有人說那是爲了大家共修的方便，那麼我再請問，念經是念給自己聽的，還是念給菩薩聽的？如果做人的道理不懂，就算所有的佛經都能倒背如流，那也是多餘。

幾年前，我曾經在板橋市後埔國小旁的一家佛教文物流通處，和一位在家居士辯論。先談「放生」的問題，我說我不贊成放生，因爲在台灣所謂的放生，往往是拜託別人先去抓來，我們花錢去買，然後再花錢請師父做放生的儀式。其實這樣子的放生方式，只會造成更多的殺生而已，對方卻說他的法師以及經書上都一再的表示，放生的功德非常的大，我只好跟他道歉，因爲我沒有拜師也看不懂佛經。

那時候，正好是國小下課的時間，我轉移目標問對方：「你看，孩子們下課了，如果這個時候有兩個地方都需要人手幫忙，你要選擇哪裡呢？一個是十字路口需要一個義工幫忙指揮交通，讓小朋友能夠安全地通過馬路回家，另一個是樓上的佛堂馬上就要晚課了，卻少了一個打磬的幫手。這兩個工作你都會做，你要選擇做什麼呢？」他不假思索地回答我：「我要到樓上打磬！」我不語，不再和他談論任何的問題了。對方只是個三十出頭的男人，還是個知識分子，如果連這種人都不懂眞正的付出是什麼，我又豈敢奢盼台灣會進步。

最近我常想一個問題，不知道有沒有人也和我一樣有這般的疑問，那個問題就是——爲什麼九二一大地震會發生在一般人公認爲最有靈氣、最山明水秀、最適合蓋廟、修行的地方呢？有人說大自然在反撲了，我相信；但我也相信，也有可能是祂們在故意破壞地理，想要根除我們一般人的迷信與盲從。不過，如果真的是這樣，如果還有下一次，拜託住在上面的，請不要再傷害無辜的老百姓。再來，如果說超渡、做法事就能解決問題、擺平一切，那也太沒有天理了，有了錢就能萬事如意了嗎？如果是這樣，那麼那些被我們膜拜、尊敬的祂們，實在是比升斗小民還不如了。

舉個例吧！假設甲殺了乙，乙方的家人去法院告狀，但甲有後台、有靠山，用錢買通了檢警、法官，害得乙方這一邊無法勝訴。請問乙方的家人會心服嗎？死不瞑目的乙會放了甲嗎？當有機會同時轉世的時候，老天爺一定會秉公處理的。但是，轉世後的甲若是得知過去世的他犯了大錯，想藉著爲乙超渡來化解怨恨，想想看，可能嗎？就算乙原諒了甲，可是過去世裡乙方的親人又該如何超渡呢？他們的精神損失又該如何賠償呢？如果甲沒有錢，沒法替乙辦法會做超渡，那又該怎麼辦？再嚴重一點的，如果乙已經轉世，很不巧的老天爺把乙賜給甲，做爲甲的寶貝兒子，各位，下面的劇本，不妨就由您來發揮了。如果都來轉世了，卻又不還帳，老天爺又會如何處理呢？很簡單！繼續加加減減，外加利息，就像一首老歌的歌名——「總有一天等到你」。

因爲我不懂超渡，所以我也不能說超渡完全沒有用，但一來花錢，二來師父的功力又是如何呢？站在被害人的立場，如果他還沒有機會轉世，我想加害人若是能夠誠心誠意地懺悔，並且立志改過盡量做好事，在冥界的他，心也會軟化，不但放了人，還會祝福對方呢！不過，民事部分是和平地解決了，刑事部分依然存在，永生永世直到還淸了（服刑完畢）爲止。所以我才會建議大家，早還淸早了業。

我們常說：「冤有頭，債有主」，我們也常勸別人：「善有善報，惡有惡報，不是不報，時間未到。」可是爲什麼事到臨頭了，自己卻總是慌了手腳呢？我相信，祂們強調因果輪迴並不是要教導世人心存報復的態度，而是要我們愼重地對待自己的起心動念，尊重萬事萬物，如此而已，其實，祂們的要求一點都不多。社會新聞中，我們常常可以看到所謂的「神棍」，騙財騙色，害得受害人常常是家破人亡。這種人動不動就說：「有冤親債主纏著你，一定是你祖上有積德，所以你才會這麼幸運地碰到我，我來幫你將他帶走，費用大概是×××。」這種新聞一點都不假，十多年前，有一本專門介紹靈異這方面的雜誌，我一時好奇，照著住址找到了在台北市民生東路的一棟公寓。一進門，我告訴來開門的人說我是照著雜誌找到的（我爲什麼會挑這一家呢？就因爲照片上這對夫婦的相貌很莊嚴），趁他去通報的時候，我看了一下，哇！好大的一個道場，全舖上了榻榻米。

接著來了一位女師父，就是雜誌上介紹的那一位，大吼：「天兵天將伺候！」一下子，她的兩旁各出現了兩個年輕男女，合力地把我壓倒在榻榻米上，她手持一根類似童軍棍的長棍子，用力地抵住我肋骨正下方胃部上方的部位，口中還大吼著：「出來，出來，我命令你出來！」頓時，被棍子抵住的地方，痛得要命卻又叫不出來，只好心裡默念著「阿彌陀佛！阿彌陀佛！」差不多是七、八秒鐘的光景，她忽然鬆手並對著那些天兵天將大叫：「是誰把我的棍子推開的？」那幾個人一個個嚇得連聲說沒有。趁這個時候我趕忙站起來，在這起身的同時，我瞄到了她那驚恐的表情。

她又把我叫到另一邊的講堂去，這時候天兵天將也跟著跪在她的兩旁。「我告訴你，你的身上附了一個吊死鬼，還是一個厲鬼呢！你看到了嗎？剛剛我那麼兇，他都還不出來！如果是請我的師父幫忙，我告訴你，沒有二十萬，他絕對不會替你處理的。你比較幸運碰到我，我給你打個六折，十二萬就可以了。」我清醒了：「我回去跟我先生商量看看，再給您一個答覆。」拉起女兒的手，我就趕快溜了。那一晚，我是帶著四歲的大女兒同去的，一進門，她就躲在門邊，靜靜地看著這一切，出了門，她才開口說話：「媽媽，他們爲什麼要拿大棍子把你弄得那麼痛呢？」

我想，並不是每個受害者都是愚蠢的，一定也有一些像我這般好奇、求知欲又強的人步上了神棍的圈套。我們再回頭看看，如果眞的有陰靈的話，而那個靈又眞的是過去世的受害者，你想，他會乖乖就範嗎？還是更加頑強地抵抗呢？再不行，這個靈界的朋友，總還可以到冥界去按鈴申告吧！所以除了不要受騙之外，在主修「慈悲」的學分爲自己過去世的錯誤做彌補時，不要忘了，請同時也選修一些有關於「智慧」的學分。這是非常重要的訊息。祂們可一點都不傻喔！只有慈悲的人不見得申請得到祂們的移民許可證！

補充一點，通常世間人發現不太對勁或者是有異狀的時候，其實過去世的冤親債主大都早已經來報到了，所以辦法會做超渡根本就無濟於事，那又該怎麼辦呢？好好地面對冤親債主，強迫自己修身養性，盡量想辦法在這一世裡還淸，不要再拖到下一世了。再者，如果一再地「相信」某位師父、某位法師，請問，當這些師父、法師不在了，無法聽到開示、聆聽訓誨時，那豈不是六神無主了嗎？活生生的一個人變成了大海孤帆，又該如何呢？

所以祂們一再地強調要「悲智雙修」，盡量學會自己分析事理，自己練習判斷，一段時日之後，相信你也會是個很棒的師父，一個周遭親朋好友生活上的好師父。凡事總有第一次嘛！如果總是邁不出第一步，那誰也幫不了你，因爲腳是長在你身上的！千千萬萬不要盲從！雖然我是個通靈者，照理說相信我的人越多越好，但我一再地搬家、換電話、改變算命地點，爲的也就是不要別人「依賴」我。我寧可被人說我這個人不夠慈悲，我也不願意背負著阻礙別人成長的罪名。

命運是定數嗎？

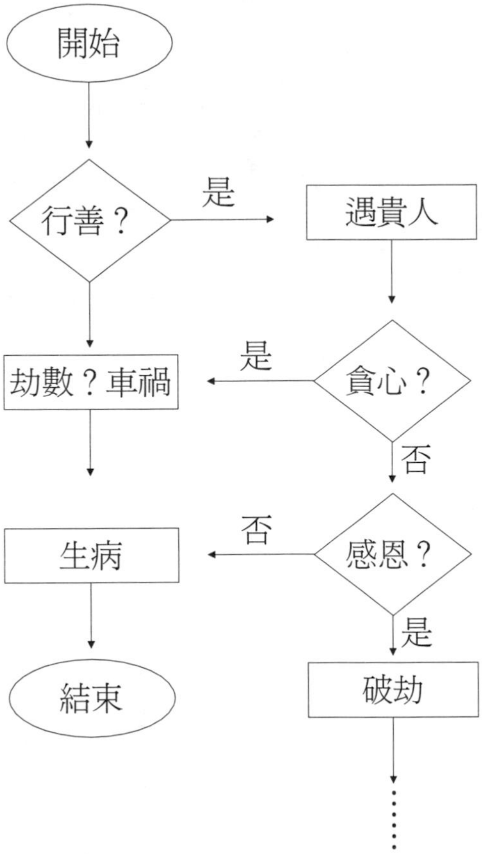

如果你問我以上的問題，我一定會告訴你：「NO！」就是因爲NO，所以很多時候，你會認爲算命的很差勁，都算不準。也許當初他並沒有算錯，只是後來的日子裡，你自己的行爲改變了許多，因此第一卷的基本帶子不管用了（請看〈黑盒子〉那一章）。可是還是得小心行事，因爲你只是改變了暫時而已，也許到頭來終點還是一樣的呢！所以繼續加油，如果想從不同的出口出來，請繼續努力吧！

我只是簡單的畫了一個流程圖，告訴各位如何「破劫」，如果沒有劫數，那更好。但是人生不如意的事十之八九，我們不是在求如意，我們只是求心安理得而已。就像是看風水一般，我們看到的只是眼前，又怎知數年後，都市計劃改變、土地徵收，說不定又來個大地震呢！

不必煩惱那麼多，只要想想每晚臨睡前，是否能夠心安理得、安然入睡，再想想，若是突然斷氣，是否也能夠勇敢地面對死亡。

如果根據我對祂們的了解，也根據我的經驗（各位也可以說那是因爲我算的不準而找來的藉口），命運眞的是個定數，是一個固定的數字，多少呢？百分之六十，再說清楚一點，就是還有百分之四十可以改變。但是我們換個數學的角度算一算，就不是想像中的那種差異了。

首先，如果說你的命是注定考不上大學，那麼在這一方面，你的分數就是負的六十分；相反的，如果說你是注定考得上大學，那麼分數就是正的六十分。算一算這前後的差距是多少呢？也就是說從考不上的負六十，開始努力，必須先努力六十分，到達了〇分，然後再繼續加油，從〇分加到六十分。如此一來終於與另一個人平手了，但是為了贏過他，就一定要超過六十分。都已經到了這個地步，當然要拚了，怎可放棄呢？因此前前後後加總一下，起碼要努力一百二十分以上。

再舉個例，有兩個職員條件相當，都是準經理人選，偏偏總經理與他們兩人有因果關係存在。假設甲是好的因果，也就是在這一世裡，總經理應該是要來回報他的；而乙是壞的因果，換句話說，總經理一定會找他痲煩的。我們利用上面的公式計算一下，甲一進入公司就已有了基本分數六十分，而乙就可憐多了，是負的六十分。是不是乙要先累積一百二十分才能與甲平手呢？

雖然很辛苦，但是請千萬不要放棄努力的機會，因為這種分數的加加減減是一直在進行，一直在累計的，一世帶過一世，永不止息。如果是正分也不要太得意，稍一閃失就馬上變成了零分，再一不注意，負分就出現了，誰贏誰輸，還早呢？「風水輪流轉」，誰都不知道什麼時候轉向河東，什麼時候轉向河西。「君子報仇，三年不晚」多少也有這個意思。

我們不要責怪算命師算不準，因爲就連老天爺也是算不準的，有這麼大的比率，百分之四十的比率掌握在我們自己的手上，算命師那有那麼厲害，百發百中的。老天爺如果眞的是那麼厲害，那麼又何必要我們來轉世呢？祂們口口聲聲說是因爲要讓我們學習，何必這麼麻煩呢？只要祂們大手一揮，直接把我們從ＩＱ零蛋，變成ＩＱ一八○不就行了嗎？我最差勁的就是老是算不準別人的壽命，這個倒也不能怪我，因爲到斷氣的那一剎那，實在是有太多太多的機會可以讓我們去改變。再說，知道幾歲會死又怎麼樣呢？坐以待斃嗎？

既然注定的只佔了百分之六十，而又有百分之四十可以改變，爲什麼不好好面對每一個日子呢？就算不知道因果，不知道個性，不知道未來該怎麼走，難道日子就過不下去了嗎？想想魯賓遜一個人在荒島，他知道了什麼嗎？想想馬可孛羅來到了中國，他又事先知道了多少呢？在不知因果的狀況下，我們對未來抱著一份期望、一份好奇，期待著一分耕耘一分收穫，也許結果未必盡如人意，但畢竟我們夢想過、努力過，這就夠了。

好多人問我，有沒有「現世報」呢？我相信絕對有。也有人問我，老天爺爲什麼不乾脆統統來個現世報呢?那麼壞人就會因爲害怕受處罰而不敢做壞事了。各位,您以爲呢?舉個例來說,反正殺害一個人是處死刑,那麼一不做二不休,就多殺幾個人吧,反正也是命一條。對嗎?合理嗎?在因果輪迴裡,也許就會被判定一世還一條人命,如此一來,加害者就得多折磨好幾世了。

也有人問我:「老天爺爲什麼不造個機器,讓每個人在成年以後就可以淸淸楚楚地知道自己過去世的因果呢?」是啊!這就好像考前拿到了「考古題」一般,不僅僅是考古題而已,還與這一次考的一模一樣呢!這跟考題外洩又有什麼兩樣。請問各位,當在考前就已經完全知道了所有的題目,你們還會專心地去念其他不會考的部分嗎?對那些認眞向學的同學而言,洩題是公平的嗎?

我再講個現實一點的,如果有一對夫妻,在孩子生下來之後,就已經知道這個孩子是要來討債的,將會是個敗家子,甚至於會剋死父母,害得家破人亡,有人敢向我保證嗎?保證這對夫妻一定會盡心盡力,共同努力去清償他們過去世的業障嗎?一定會好好地教養這個小孩子長大成人嗎?還是趕緊溜了,把孩子給棄養了呢?有時候,面對自己的親生父母,自己的親生子女,我們比動物還不如。

老天爺有好生之德，又要求我們要學習、要悲智雙修，想想帶有點「謎樣般」的人生，是不是更具有挑戰性，更刺激呢？當然了，知道因果、知道個性，也許更容易教養孩子，但是在不知道因果的情況下，父母用心地摸索教育孩子的方法時，那種努力，那種心情，不也就是親情的最佳表露嗎？也許過去世的某些怨恨與宿仇，就在這無條件的付出中慢慢地還清了。不知道終點的道路，也許會讓我們迷惘，讓我們害怕，但是如果這條路又非走不可的話，套句前面說過的一句話：「山不轉路轉，路不轉人轉，人不轉心轉。」

一般人愛聽好話，卻常常忽略了對我們說眞心話的朋友。良藥苦口嗎？未必！但是好友難求倒是眞的，我指的是那種爲我們好、希望我們進步、眞心對我們指出缺點的朋友。因果的存在並不是因爲宗教而存在的，它就只是宇宙中很自然存在的一種定律而已，而好友與您的關係也將隨因果而發酵，這是必然的。修行，簡單的說就是修正自己的行爲，同樣地，在將心比心之下，藉著「學習」大家一起努力成長。所以，請不要漠視了關心您的朋友，也請珍惜與您眞正走在修行路上的好朋友。我總是鼓勵每一個人盡可能地盡量去「學習」，只要是正當的，只要體力、財力、時間允許的話，排除一切藉口，盡全力去學習。爲什麼呢？因爲在學習的過程當中，往往我們才會發現自己的無知與不足，慢慢地我們學會了不驕傲，學會了幫助別人，學會了尊重萬事萬物……。接著，心放寬了，當然就會是「做無所求，給的甘願」了，而天生注定的命運，也就在這學習的過程中被您自己給改變了。

有沒有注意到一個現象，家中的兄弟姊妹，爲什麼常常是各有所長呢？就算是後來所學的不同，但是往往同一件事，每個人的學習能力與應變能力就有所差別。是遺傳基因的不同嗎？倒也不完全是；說是天賦潛能嗎？那又是怎麼一回事呢？古人不是說：「歹竹出好筍」嗎？而現代人不也常說：「你是怪胎，你是突變種」嗎？爲什麼同一對夫妻所生下來的兒女會有這麼大的不同呢？命運不同的道理我們懂了，那這一方面的疑問又該如何解釋呢？

根據我的經驗，推論可能是這樣的：過去世中，每一個人所學所做、所累積的才能，尤其是特有的專長項目，在轉世的過程中，就變成了來生的「天賦潛能」。舉個例：

前第三世，您是個女的，是個一流的舞蹈家，有名有利卻不行善。

前第二世，您雖是個男性，但自然而然地就對舞蹈這方面有天分，卻因爲出生在一個窮困的家庭，你的父母無法栽培你，可是你努力往寫作發展，於是成了舞蹈評論家。並且將心比心地盡量贊助一些有天分的舞蹈家繼續發展。

前第一世，也許您是個女的，寫作能力很強。爲了擠進世界的舞台，拚命學習英文，不久，又多了一個翻譯的頭銜。又因爲在前第三世有表演的舞台經驗，比一般人更不怕直接面對觀衆，於是您慢慢地走向另一個角色——英文的即席翻譯。空暇的時候，能夠到歌劇院看場表演就成了您最期盼的享受了。

這一世裡，您想成爲什麼呢？就看您的選擇了。我們暫時把其他的外在條件剔除，只衡量您自己本身的條件就好了。有一點要注意，累積越多世和越接近這一世的經驗，那種印象就會越深刻。所以從以上的例子推測，我就會建議您可以到國外修習舞蹈的學分，不管是實際學舞蹈，或是學編舞……都可以，其他的如寫作、翻譯也都可以。

透過以上的例子，不知各位是否能夠很淸楚地了解到我想要表達的意思呢？通常我在爲別人服務的時候，說穿了，也就是利用此人過去世裡的專長，而對他們未來的事業走向提供一點意見罷了。「熟能生巧」這四個字，就可以用在這個地方。別忘了，可別重操舊業，我所指的是過去世裡您所學的壞的行爲，例如偷竊、販毒、強暴、殺人……，壞的過去世經驗，同樣的也會在這一世裡，讓您的技巧更加純熟，只不過，附加在您身上的懲罰也隨之加重了。

假使我就只能活到現在，那麼依我這一世的經驗，也許在下一世裡，如果我繼續努力的話，說不定我會是個很不錯的心理諮商師，也有可能成爲幼教專家或者是個在電視上亮相教人做西點的專家呢。我是如此，您呢？盡量多學一些，下一世您的選擇就更多了。

再換個角度談一個比較熱門的話題——婚姻，我說的是婚姻，不是感情，這點先要交代清楚。往往在算命時，算命師總是說，早婚、晚婚、離婚、先生外遇、妻子紅杏出牆、同床異夢……，星相學家倒是比較好，會指導雙方各用什麼樣的態度，共同來維繫婚姻的和諧。

我呢？採取的是防患於未然的方式，不要求對方改變，而是反過來要求自己的改變，然後強迫老天爺接受我的改變。首先我們先把注定要單身，還有自己許願不結婚又被老天爺允許可以不結婚的人排除在外。其他的人，有幾個觀念必須先弄清楚，第一，就是每一個人「被安排可能會跟自己結婚」的對象，並不一定就只有一個，也許兩個，也許三個，也許是一大堆。第二，原先命中注定的那一個未必是最好的，也未必是最壞的。第三，注定要結婚、要單身、要離婚的，並不一定非要結婚、非要單身、非要離婚不可。第四，注定要結幾次婚，最後的結果也就不一定是「注定的那幾次」了（記得嗎？有百分之四十是掌控在我們自己的手上）。現在就假設在我爲人服務的咖啡店裡，三位小姐一起來找我，甲、乙還有丙，而各位就是坐在鄰桌的客人，聽著我們的對話。

甲：陳太太，你看，我將來幾歲結婚比較好呢？

陳：你比較適合早婚。

甲：爲什麼呢？

陳：因爲你的對象裡，最好的是排在前面，所以如果有認識好的就要把握，不要猶豫。不要挑呀挑的，最後挑到一個賣龍眼的。我告訴你，差不多××歲就會有對象出現了。

乙：那我呢？

陳：你剛好是相反，適合晚婚，約××歲以後再談論婚嫁，因爲在這之前的對象，都容易分手離婚。如果你不在乎離婚的話，也不在乎小孩子的問題，那麼我也不會反對你早婚，反正我只是提出祂們的建議，決定權是在你自己的手上，任何人都沒有辦法替你做決定的。

丙：如果是我，又要怎麼辦才好呢？照你這麼一說，如果我是注定要嫁給排第三號的對象，也就是第三個出現的男士，可是第三號並不好，第五號才是最佳的人選，那我要怎麼辦呢？難道一定要清清楚楚地計算交往了幾個嗎？交往的程度又該怎麼計算呢？同居算一次交往嗎？還是有結婚才算數？難道這些個可能成爲我丈夫的人選，他們的次序一定不會變嗎？

如果一次出現兩個，又該怎麼辦，怎麼分辨呢？就算你告訴我對方的年紀，對方的姓氏，那就保證一定會準嗎？這個丙，問題可眞多啊！不是別人，就是我自己。這就是我的個性，祂們的答案一定要先能夠說服我，等我自己滿意之後，我才會願意替祂們服務的。有些事情眞的是要循線追蹤到源頭，打破砂鍋問到底，不要隨隨便便就混過去了。

好了，那該怎麼辦呢？利用我常說的一句話：「以不變應萬變」，就是這麼簡單而已，就是把燙手的山芋反丟給老天爺。既然祂們有好生之德，既然祂們要我們悲智雙修，既然又有那麼嚴格的因果定律，那麼我們只要盡量行善積德，學習又服務，其他的就讓祂們去安排好了。反正回去報到的時候，秉著公平、公正、公開的原則，我們也有權利和祂們坐下來談談，淸一淸總帳的。各位，別以為我是在開玩笑，我是再正經不過了。不妨回頭看看前面我所畫的流程圖，不就是暗藏著這個道理嗎？再套句成語，就更明白了——「只問耕耘，不問收穫。」當你平平常常地，沒有特殊的表現，與預定的行為差不了多少時，那麼命運就照著原來的版本走，那就是「天注定的命」。當你比預定的行為還要差勁時，該有的災禍一定躲不掉，該有的福氣也閃掉了一大堆。

當你比預定的行為還要漂亮時，該有的福氣一樣也少不了，該有的災難卻老是被一些莫名其妙的事情給擋掉了。空難發生之後，我們不也常常會在報紙上看到有一些人，原本是要搭出事的那班飛機的，卻因爲……，他很幸運地躲過了這個劫難。

說個眞實的故事讓大家開開眼界。

有個女孩，大學畢業，條件尙可，可是直到二十七歲還在獨來獨往，父母心急了，想到她的下面還有好幾個弟妹在等著，於是不得不拉下面子，東拜託、西拜託的，央媒人說親。結果如下：剛開始的幾個對象，只要是相親回來，家中總是一大堆怪現象。不是有人不小心弄破大碗公；就是天花板的燈泡會自動掉下來，破掉；打開冰箱的時候，冰箱裡的湯匙會自動滾下來，破掉；洗碗時，碗與碗相疊，也會破掉……。接下來，力道更強了，約好相親的電話才剛掛下不久，釀酒的玻璃甕會自動爆裂，到店裡再換一個，再來一個相親電話，就再爆一個。

到了農曆年前，「有錢沒錢討個老婆好過年」，媒人的電話越來越多了。可憐的女孩，在相親的前一刻，突然急性腸炎，必須躺在床上打點滴，不能出門相親。更離譜的是，在辦公室上班的她，突然心絞痛，送到醫院急診，還必須戴著氧氣罩。醫生一來，第一句話：「哈哈哈！今天又有人要替你安排相親了，對不對？」當媒人打電話到家裡的那一刹那，就是她心絞痛的同時。

最後，女孩投降了，但父母親可不願意就這麼輕易地說放棄，這時候，女孩不小了，三十歲了。父親給了她兩千元，要她去參加台視的「我愛紅娘」，結果女孩去台北的襄陽路報名了所謂的電腦徵婚，報名費一千二百元，還省下了八百元當置裝費。

爲了結婚，女孩辭去了工作，在徵婚社當義工，爲的是可以就近翻資料、挑人選。她找到了一個沒有貼相片的男孩，資料上寫著：「希望對方是個溫柔體貼的女孩。」她對著同事們大叫：「你們看啊！這年頭，居然還有男孩子敢要求女孩子溫柔體貼，還要求對方一百六十五公分以上，開玩笑嘛！我們打電話給他，請他來參加活動，讓我來整整他，看他以後還要不要溫柔體貼。」隔天晚上的集體相親活動，男孩與女孩第一次碰頭了。

這次碰面之後，女孩又陸續相親了六次，每次都照樣是杯破碗破的，沒有一次例外，家人也早已見怪不怪了。四個月後，男孩與女孩訂婚了，女孩的父親只說了一句話：「看來妳就是注定要端他們家飯碗的。」因爲就只有那一次的集體相親，很平靜，沒有任何的聲響或意外。女孩的身高只有一百五十九公分，婚後的日子，眞的是幸福美滿，眞的是先生對太太溫柔體貼。

多年後，太太問先生：「我們第一次見面的那一天，你還記不記得？那天你有沒有做了些什麼比較特別的事呢？」先生想了又想：「我想起來了，那天早上我沿著大直明水路在晨跑，看到路邊有一個被敲破的酒瓶，弄得滿地都是碎片，我怕其他晨跑的人不小心踩到，可能會受傷，於是我就拿了一個塑膠袋，把碎片一片一片地撿起來。就只有這樣而已！」

答案分曉了，老天爺拚命替女孩摔、摔、摔，女孩變成了碗，變成了杯子，變成了酒甕……，男孩就只撿了那麼一次，就撿到了女孩。

那個女孩就是我！

黑盒子

飛機失事時，總是要等到找到了黑盒子，經過判讀之後，才敢做最後的責任釐淸工作。

爲什麼黑盒子會是這般的重要呢？又爲什麼只有少數幾個專業人員才有辦法判讀呢？書上說，人死了，到閻羅王那兒報到的時候，會有一面大鏡子，能夠把當事人生前的所作所爲快速地放映一次，這又是怎麼一回事呢？還有，有一句話「頭上三尺有神明」，爲什麼也總是在勸人不要作惡時被提出來呢？各位，如果以上所說的這些都有少許的關聯，您有沒有足夠的想像力能夠把它們給串連起來呢？不妨自己先動動腦試試看，拼湊一下，然後再往下看我所想像的結果與您的差了多少。

以下只是我個人的經驗以及想像後的結論，這當中也包含了一些祂們傳遞給我的訊息，信不信在個人，絕對沒有任何的勉強。我只是想藉著經驗供大家參考的同時，也能夠收到您更寶貴的經驗與意見，至於是否能夠像國外一般，變成很嚴肅的研究議題，隨緣吧！

每個宗教幾乎都離不開天堂、地獄，信的人就可以在西方極樂世界有了位子，相對的，地獄裡也就除名了，至於不信的人，當然就會墮入十八層地獄了。眞的是這樣子的嗎？你以爲公平合理嗎？我個人就非常不以爲然，就好像手上戴著佛珠、脖子上掛著十字架的，就一定都是好人嗎？不吃素的人就沒有愛心嗎？就不懂得愛護動物嗎？

請問各位，那些從來就沒有宗教信仰，只會傻傻地、默默地在暗地裡行善的人，死了之後，他們的靈魂到底要到哪一個國度去報到呢？那些死後沒有做任何宗教儀式送終的人，難道個個都會變成了孤魂野鬼嗎？如果以上這些可以成立的話，那麼我倒是要對著蒼天說一句比較狠、比較重的話了：「你們沒什麼了不起！你們比我們還不如！」

各位想知道平日我是怎麼個拜法嗎？早晚由先生在菩薩及祖先牌位前各點一炷臥香，各奉上三杯白開水，就這麼簡單，什麼蠟燭、香環、佛號音樂都沒有。祖先忌日時，一定拜素食，但不燒銀紙。至於菩薩們的生日呢？說眞的，當我家的菩薩也眞的是要學會縮衣節食。初一、十五沒拜，初二、十六那就更不用說了，什麼觀音得道紀念日，什麼阿彌陀佛聖誕……，對不起，忘了，也省了。

可是，當我買水果或我覺得好吃的餅乾時，我就會將這些東西先擺上供桌。我以爲祂們就像是家中的一份子，我相信祂們不會在乎我有沒有拜祂們，我相信祂們在乎的是我有沒有拿祂們當榜樣，我有沒有令祂們操心。就像爲人父母者，總是關心兒女是否平安成長，是否能夠自立門戶。

很懷疑吧！我居然是如此的拜法。我家的供桌上，後面是一幅我遠從敦煌帶回來的千手千眼觀世音菩薩的畫像，供桌上只擺上了一尊觀世音菩薩及祖先的牌位，前面就各放置了一個卧香爐、三杯敬水，還有杯筊，兩旁則是燈台。沒有了，就這樣而已，簡單明亮，我自己覺得看起來很乾淨、很清爽、很舒服。至於達摩、韋陀、關公等，都是一些木雕品，我把祂們當做藝術品擺在客廳不同的角落。如果我想到了，我會去佛桌前跟菩薩行個禮，也跟其他的祂們打聲招呼。

像我這般拜法的人居然也會通靈，那還眞的是個笑話。常常有人喜歡問我以下的這個問題，偏偏這個問題是我算命過程中，最不會回答也最令我覺得尷尬的事。問題是這樣子的：「陳太太，請問我家佛桌的位置對不對？供奉的菩薩和祖先的牌位應該要怎樣擺才好？平常能不能移動？拜拜的時候，要點幾炷香才對呢？一炷？還是三炷？要不要先點蠟燭？到底要怎麼拜才對？對了，香要怎麼個拿法才正確呢？」我的心裡只有一句話，不能說出口的一句話：「饒了我吧！」

黑盒子是一組人類肉眼看不到的設備，除了有類似攝錄影功能的機器外，還有與老天爺連線的裝置，可以讓祂們做即時的資料處理工作。最重要的乃是裡面有三卷挺特殊的錄影帶，那是一個人出生在這個世界上時就帶來的資料。分別說明如下：

第一卷：這是早就錄製好的影帶，裡面的內容只可看，不可改。

第二卷：剛開始的時候，這是一卷完全空白的帶子，隨著生命的成長，它也開始記錄，開始有了內容。和第一卷一樣，可以看，但完完全全不可改。

第三卷：一開始的時候，這第三卷的內容和第一卷的內容一模一樣，只是這卷不但可以看，而且隨時都可以更改因時間未到而尚未發生的內容。

第一卷裡有什麼呢？簡而言之，第一卷裡的內容就是一般所謂「注定」好了的命運。譬如說這個人幾歲會有什麼劫難，幾歲會有偏財運，幾歲會結婚，配偶是誰，子女幾個……，反正就是老天爺「本來注定」此人的一切內容。從出生到老死，該有的，一點不漏都清清楚楚地記錄在第一卷。一般相命師所據以作答的標準答案就是在此，因此，我想所有的相命師眞的都能夠「鐵口直斷」，如果事後證明與當初所講的預測內容有所出入的話，請不要責怪相命師，該懷疑有問題的，可能是你自己的第二卷錄影帶。

再來談談第二卷錄影帶，前面我不是說了嗎？一開始的時候，它是一卷完全的空白帶，那這一卷是要做什麼的呢？原來這一卷就是很忠實地記錄下此人此生的一舉一動，別忘了最重要的，就是它連此人的起心動念都不含糊地照單全收，所以黑盒子裡絕對也配置著攝錄心念機。想想很多家庭不也都有家用的V8攝錄影機嗎？平時不也是常常用來留下家人生活上的點點滴滴嗎？同樣的道理，只不過錄製第二卷錄影帶的機器從來就沒有關機過，因此內容的眞實性不容置疑。

我們可以了解到，第一卷是有了內容的錄影帶，不能重錄也洗不掉，第二卷雖然帶來的時候是空白的，但是卻是可以錄製的，隨著時光的流轉，它的內容也就越來越多，但也是不能重錄也洗不掉。

關於這第二卷錄影帶，就不見得是一般的相命師可以調得到的資料。有一些前去問事的人想要考考相命師，於是就會問對方有關於自己這一生過去所發生的事情，然後再根據相命師的回答來評斷他的功力高低。只是我懷疑這麼做的意義是什麼。

最重要的一卷——第三卷出現了。一開始，它的內容與第一卷是一模一樣的，也就是說，第三卷是第一卷的複製品，可是妙就妙在第三卷可以加以「人工的修飾」，也許可以修剪得更好更美，但也有可能是個反效果，害得原來的作品越變越差。問題是動刀的人，不是別人，而是我們自己。懂嗎?是我們自己，不要錯怪了別人。

請特別注意一個重點，那就是第二卷錄影帶裡面實際攝錄的念頭或行爲有可能會改變第三卷錄影帶內還沒有發生的情節或命運（在此我們姑且稱之爲預告片），甚至於大改特改，完全失去了原味。換句話說，也就是祂們可能會因爲第二卷的內容而即時更改了第三卷尚未發生的命運。

三卷錄影帶都是在我們一出生的時候就同時開始啓動的。假設有一個小男孩，在八歲以前沒有什麼特殊的事件發生，完完全全按照第一卷注定的命運在前進著，於是第一卷走到了八歲，第二卷也錄到了八歲，第三卷一樣也是不動一刀地轉到了八歲。就在八歲那年，好心的小男孩「意外地」（我之所以用意外地，是因爲黑盒子的第一卷裡並沒有記載他會有這一段事件的發生）牽著一位瞎眼的老婆婆走過交通紊亂的街道。

這個時候，第二卷當然是一五一十地記錄下了所有的過程。前面我說過了，第二卷的內容有可能會改變第三卷內尚未發生的情節或命運。本來在第一卷和第三卷內小男孩都同時有著相同的命運，就是「預計」他在十歲的時候，會被野狗追趕，然後不小心跌倒受傷因而住院，又碰到一個蒙古大夫（小男孩過去世的債權人）診斷錯誤，結果一條腿變成了殘廢。

但是受到了第二卷記錄下來的「實況」影響，（指的是小男孩牽著瞎眼老婆婆走過交通紊亂的街道）第三卷的內容起了變化，很自動地把小男孩十歲時應該會發生的野狗追趕、右腿殘廢的這一段「預告片」給清洗掉了，也就是說這一段劇情暫時不用了，至於以後還用不用得著，不一定。請注意，第一卷並沒有變動，我說過它從頭到尾都是只准看不准變更的。

各位想想，到了十歲的時候，小男孩還會不會被野狗追趕呢？當然是不會了。日子繼續進行著，到了十五歲的時候，男孩稍長，但是卻犯了「順手牽羊」的毛病，偏偏這又不屬於第一卷、第三卷內的劇情。如此一來經過了順手牽羊這一轉變，第三卷又更改了預告片，這一次跳得比較遠，直接就跳到了二十八歲，自動加上了一段劇情，就是男孩子結婚時的那個晚上，喜宴上收來的紅包全被偷了，過了好久也沒有抓到小偷。

春去春又來，二十歲時，男孩良心不安，強迫自己戒掉了壞毛病，從此不再順手牽羊。在他第一次拿到自己用勞力賺得的薪水時，他把薪水全數捐給了社福機構。

第三卷又在修修改改了，這一回改那一段呢？喜宴上的紅包被偷了，報警了，第二天就抓到小偷，但是錢只追回來一半，另一半早就被竊賊花光了。

故事暫且打住，反正是同樣的道理，各位可以自己編劇本，我們再來談一談別的。還記得嗎？這個黑盒子與老天爺是有連線的裝置，而且還是同步處理的，就像是現場直播，只要是第二卷的內容超出了第一卷的範圍，那麼祂們就會著手更改第三卷尚未發生的預告片。結論是第一卷是老天爺注定的命運，第二卷實際上就是此生此世各位您自己的精心傑作，您是導演兼演員。本來一個人出生的時候，是第一卷＝第三卷，沒想到死亡的那一瞬間，卻變成了第二卷＝第三卷。很玄吧！有道理嗎？有沒有第四卷？第五卷？甚至於更多呢？大家腦力激盪一下。

到了另一個國度報到的時候，再把第三卷加加減減，做成預設值，結果就變成您下一世來轉世時老天爺注定的第一卷了，我們就姑且幫它取個名字叫做「天地卷」好了。這個天地卷並不一定要等到人死後才製作，它也可以和第一、二、三卷同時進行，只不過這個天地卷是暫時保管在老天爺的手上。再激盪一下，有沒有可能第一卷＝第二卷＝第三卷呢？

談到這裡，我們已經有了第一、二、三卷和天地卷共四卷的錄影帶了，等一下再繼續說明，現在先回過頭來看看文章一開始的「閻羅王的大鏡子」和「頭上三尺有神明」這兩句話，到底指的是什麼意思呢？請再動動腦吧！很簡單的！一定是和上面所講的有關係，先想一下下，再往下看我的推論。

猜到了嗎？「頭上三尺有神明」指的就是我們自己隨身攜帶的黑盒子，眞的是難爲了，這個黑盒子不但肉眼看不到，在人世間居然也拆不下來。在國外有人研究的結果，認爲靈魂是有質量有重量的，我倒有一個假想，也許這麼少許的重量是屬於黑盒子的。至於「閻羅王的大鏡子」又是什麼呢？對了！它只不過是個螢光幕而已。當我們回去報到時，黑盒子終於被拆下來了，第二卷錄影帶被取了出來，爲了講求證據與實效，最佳的方式當然就是將第二卷的內容直接播映出來了，這個時候，總要有個螢光幕吧！看到這裡，看懂了多少呢？前面懂了，接下去的看了才會有意思。所以如果還有疑問，不妨重看一下前面的，在我個人認爲，這一章是精華。

那麼四卷錄影帶的內容在通靈人的立場又有何等的奧秘呢？通靈人只是個翻譯，是個配角，「祂們」才是主角，所以通靈人必須透過祂們才能夠知道錄影帶的內容。在〈超級電腦〉那一章裡，我所提到的"PASSWORD"的權限，這個時候就可以派上用場了。我們假設有幾個「祂們」，權限各不相同，也就是說通靈人透過擁有不同權限的祂們，又該如何將四卷錄影帶的資料有效地翻譯給需要的人呢？

我們來探討一下。

一、「祂」的權限只能調到第一卷的資料，所以通靈人就和前面所說的「鐵口直斷」一樣。

二、「祂」的權限只能調得到第二卷的資料，所以通靈人在談論對方此生過去時間內所發生的種種行為，當然就非常準確了。不過在這裡卻出現了一個缺口，讓一般人以為調得到第二卷就一定調得到第一卷，於是就算通靈人亂蓋一番，對方也不見得看得出來。所以根據這個而來評斷通靈人的功力，那就眞的是見仁見智了。

三、「祂」只能看到第二、三卷而調不到第一卷，這種功力絕對是比上面兩位強多了，但是也有遺珠之憾。因為通靈人無法透過祂而知道第一卷的資料，那麼在勸人為善的時候，就少了些強而有力的舉例與說明了。就像我前面所舉例的故事，小男孩被狗追趕、順手牽羊、紅包被偷等的說明一樣，可以前前後後加以分析比較。

四、第一、二、三卷都調得到資料的「祂」，所找到的通靈人就會分析第一、三卷的差別，藉以勉勵當事者繼續努力，自己改造自己的命運。通靈人會告訴對方，如果你這麼做會怎麼樣，那麼做又會怎麼樣……，所以通常這種通靈人不會鐵口直斷，他反而像個分析師，比較客觀地看待所謂的「命運」。

五、這個「祂」連天地卷也能調得到，那麼通靈人的說法很可能就會和前面的那一位很像，他會告訴對方，如果這一世他怎麼樣，那麼下一世他「就有可能」會怎麼樣。

黑盒子的原理，一句話就可以道盡——「凡走過必留下痕跡」。

超級電腦

在大學的時候，我主修會計，而電腦課是必修的學分，從大一上到大四，學了COBOL也學了FORTRAN。上班的時候，又很幸運地在大貿易公司的會計課、業務課和電腦課待過，二十年前的那個時候，公司所採用的是王安的大型電腦。在當時，我的程度只夠格做輸入產品、客戶、廠商等資料，並且印出報價單、訂單、出貨單等等的工作。

對此，我很不滿足，於是自費再去補習班上課。沒想到二十年前的學習與經驗，今天終於派上用場了。我記得沒錯的話，每天一早開機，我們就必須先打入我們個人的PASS-WORD，而這些個分屬於不同人的PASSWORD在事先就已經被設定擁有不一樣的權限。例如董事長的PASSWORD，他的權限可以查看電腦裡所有的檔案資料；而業務課經理的PASSWORD，他的權限只可以查看和業務方面有關的資料，如果他想看財務課會計組的人事資料，那麼可能就會碰了一鼻子灰，進不去了……，至於像我這種小職員，就只能輸入資料，其他的就不用提了。

打入PASSWORD之後，開始了一天的作業。會計課送來的是貨款的資料，業務課送來的是要打報價單，船務課送來的是……，這種種的資料統統輸入之後，再利用中央處理機的處理，然後分門別類地各自工作，有的是將資料儲存起來，有的是要更新資料，有的則是要利用印表機印了出來……。那個時代，中央處理機和印表機都被放置在一間好冷好冷的房間，坐在外頭的我們，每人擁有一架Terminal，隔著透明的玻璃，可以淸楚地看到機房裡的作業情形，每次進去拿印好的報表時，都得穿上厚厚的外套。早在數年前，我就想要寫出黑盒子、超級電腦的相關故事，但是那時候電腦尚不普遍，寫了也是白寫，我想現在應該是時候了。

各位開始用點電腦的概念想一想，除了要有黑盒子的基本認識之外，還要有連線、即時處理，以及中央處理機資料處理中心的觀念。先利用我們日常生活中不可或缺的「提款卡」想一下，如果你擁有一張參加連線銀行的銀行提款卡，只要你的存摺裡有錢，那麼在正常的狀況下，任何時刻從任何一家連線銀行的自動提款機，你都可以提領到現金。

好了，我開始舉例說明，假設是看倌您自己來到了我面前，想要知道一些祂們能夠指點你的事，那麼站在我這個通靈人的立場，我的資訊是如何取得的呢？當然了，我一定是從祂們那兒直接翻譯過來的，而祂們又是如何取得資訊的呢？以下就是我放慢速度用慢動作加以說明，實際上在運作的時候，往往就只是幾秒鐘甚至是一眨眼的工夫而已。

在前一章，我不是說清楚了嗎，每個人身上都有一個黑盒子，而這個黑盒子又與老天爺連線，能夠做資料的即時處理。我們知道黑盒子除了能錄影、能貯存資料……，其實說穿了，它就是一台很現代化的個人電腦，因爲它不只能夠做輸入也具備有輸出的功能。當你來到我面前，那麼祂們就利用你的黑盒子電腦打入祂們的PASSWORD，一下子，就進入你的個人檔案，至於能夠調資料調到什麼程度，第一卷？第二卷？第三卷？還是天地卷？就端看祂們輸入的PASSWORD權限到底有多少而定了。

我也說過，天地卷是暫時存放在老天爺的手上的，但是只要祂們的權限夠高的話，那麼就可以直接連線通到老天爺的中央處理機上，找到天地卷裡的資料。至於因果嘛，在第一卷裡就有一部分是全部關於因果故事的檔案，它清清楚楚地記載著您與這一世裡相關人士的因果，只是因果檔案這一部分卻需要有另一組的密碼，祂們才可以進得去，就好像開得了銀行裡金庫的大門，卻仍是打不開金庫裡保險櫃的密碼鎖一樣。很簡單吧！這是純個人的資料。

接著，如果時間允許的話，您總會問問您的家人吧！既然是家人，那就好辦。一般說來，親近的家人例如父母、配偶、子女或兄弟姊妹，這些人的基本資料也都保存在你的黑盒子裡，我只要找得到基本資料，就馬上又可以連線進入另一個電腦裡了。

舉例比較好說明，假設我是個辦案人員，我懷疑你的大哥走私槍械，可是我沒有你大哥的任何資料，那該怎麼辦才好呢？我可以先找你來問，問你叫做什麼名字？身分證字號？住在哪裡呢？於是利用你的資料，我到戶政機關調出你大哥的資料，我只要有你大哥的身分證字號，八號分機一查，就可以知道你大哥有沒有前科，至於其他的資料，太簡單了。

就好像我進入你的電腦在你的家族欄裡一按，找到大哥這一欄，再一按，不就行了嗎？反正每一部黑盒子電腦都與老天爺的中央處理機有連線的裝置，很清楚了吧。只是有一個問題比較耐人尋味，就算祂們有能力找得到你大哥的資料，但是祂們卻未必一定要告訴我資料的內容。因為如果你的問題是不懷好心或者只是純粹問問好玩的，那麼祂們就會認為何必多此一舉為您服務呢。

就有一位女士平日與婆婆、小姑相處不佳（媳婦對婆家的人總是惡臉相向），問我：

「菩薩能不能知道我婆婆大概幾歲會往生呢？還有我的小姑大概幾歲才可以嫁得掉？」各位知道嗎？從我嘴中說出的竟然是：「關你什麼事！你婆婆幾歲會死，你小姑幾歲會嫁，那是她們的事，用不著妳來操心！」所以才會有人說，很想讓我算命，可是又很怕會被我罵。眞的是冤枉我了，想罵人的並不是我啊！

如果您想問問朋友或同事等人的資料，那怎麼辦呢？在戶政機關裡絕對無法從你的檔案調到這些人的資料，這個時候，我就會要求你寫出對方的名字，然後進入你的第二卷錄影帶中找影像（既然是你的朋友，那麼就算沒見過面，也會存有心念）。奇怪的是，居然這樣子也能調得到資料。換句話說，上面那一段我所舉的找大哥資料的例子，也可以用這種方法進行。

通常我會收到有關於那個人長相或個性的資訊，也就是說也許祂們會先讓我看到這個人長相的特殊之處，例如大概是幾歲、矮胖型、嘴巴很大、走路搖搖擺擺、常常用手撩頭髮等，或者會先讓我知道這個人的個性，例如愛說笑話、貪小便宜、舉棋不定等，待我和您印證對了之後，而且你的問題是有建設性的，那麼祂們才肯繼續講下去，否則也是會變成拒絕往來戶的。如果印證的結果是不對的話，我就請祂們再查個清楚，再印證。如果還是不對，那我就只好說聲對不起了。有時候，祂們也會故意當場不給資料，等來人走了之後，才告訴我剛剛爲什麼不給資料。

在這裡我想補充一點，那就是我在看影像的時候，一個人的身高，比較無法確定，因爲沒有衡量與比較的標準，但是胖瘦的分辨就容易多了。就好像只拿一個人的全身照讓你看，後面沒有任何的背景，這時候，此人的身高就成了個謎。

是不是該試一試，找到了這個朋友之後，是否也可以再連線找到他的家人呢？

再來，如果有一個老闆想在一大堆履歷表中找出他要的人選時，那我又該怎麼處理呢？我不喜歡看到相片也不需要看到對方寫的字，爲什麼？因爲一般人總是會因相片中的長相及字體的漂亮端正與否，而有了錯誤的判斷（先入爲主的觀念在作祟）。首先我會要求老闆自己先挑出一些人來，再由老闆自己寫出這些人的名字，這樣就可以了（讓老闆自己先挑，我就可以省去了一大半的責任）。

然後我再在這些人選裡，一一說出他們的特性以及適合從事的工作。至於準不準，坦白說，沒有人知道，因爲老闆和我都不認識這些人。利用什麼原理呢？和前面找朋友、同事的資料一樣，當老闆自己過濾一遍時，在他的第二卷錄影帶裡就有了這些人的訊息，祂們也只不過是進去老闆的第二卷錄影帶裡，查出了住址等資料，再連線到資料中心，如此而已。

如果老闆懶得先過濾一遍，那麼直接送來一大疊履歷表時，又該如何呢？曾經就有一些朋友想要聘請菲傭，可是介紹所也只是給他們一些菲傭的資料看看，要他們直接就從履歷表挑選、做決定，這的確是很令人傷腦筋。朋友打電話給我，我們的對話如下：「陳太太，怎麼辦？我不會挑，我怎麼會知道那一個菲傭比較合適，光看照片也不見得會準？」

「你先告訴我，你是想麻煩菲傭替你做些什麼事呢？還有你家人誰比較挑剔？」

「我先生有潔癖，我請菲傭主要的目的是想拜託她照顧我一歲的兒子，至於其他的家務事並不多。」

「介紹所總共給你幾個人選呢？你是不是全部都拿在手上呢？」

「給了我七個人選，她們的資料現在都在我的手上。」

「你從上面算起，最上面的那一張算第一張，好，現在你挑出第三張、第四張，還有最後一張。這三個人比較適合，你告訴我這三個人的基本資料，如名字、年紀、婚姻狀況就可以了，我再一一分析她們的情形讓妳知道，然後，妳就可以自己挑選妳覺得可以合得來的人選了。」

如果這一批人選不佳，我就會請對方再向介紹所要其他人選的資料。到底祂們是利用什麼原理呢，只是隔著電話就可以算出外國人的基本個性。很簡單的，也許祂們只是循著電話線就到了另一頭，到了那邊，再循著上面的住址就找到了，不是嗎？郵差送信的時候，不就是憑著一個住址就把信送到當事人的家裡了嗎？萬一那個人搬家了，怎麼辦？還不簡單，再去戶政機關查一查不就行了，循線追蹤到源頭，總是有辦法找得到當事人的，再進入當事人的黑盒子電腦……。

當您看到這兒，有沒有發現其實老天爺就像警察在辦案一樣——循線追蹤到源頭，只要找到了源頭，一切就好辦了。因果也是一樣，有果必有因，有因必有果，就是那一句話「凡走過必留下痕跡」。這麼樣高科技的資料處理中心到底是誰在控制的呢？難道說在地球上的人類都成了「外星人」的玩偶了嗎？如果說是祂們控制了我們，那麼請問祂們的「上面」是不是也有另一組「外星人」在負責指導呢？人外有人，天外有天，不是嗎？那麼這和我們控制貓、控制狗、控制其他的動物，有什麼不同嗎？大自然界裡食物鏈的原則，可以運用在這個地方嗎？再想遠一點，萬一電腦當機了怎麼辦呢？病毒入侵了又該如何呢？

你們絕對可以懷疑，甚至於嗤之以鼻，我都不會介意的，整本書裡的點點滴滴確實都是我的經驗。我相信祂們的存在，然而我拿不出任何的證據，如果眞要有證據的話，那麼就只有那些曾經被我算過命的人或多或少可以出點力了。因爲當我在爲人服務的時候，我都會一邊解說一邊在白紙上寫字或畫圖案，但也總是當場就讓對方將那張紙帶回家當紀念品。雖然那只是薄薄的一張紙而已，我還是覺得那應該是屬於他們的東西。這麼多年來，我從來就不願意留下任何人的基本資料，所以事到如今也不知道該去何處找人來幫忙。

因果輪迴轉世的基本觀念

這一章〈因果輪迴轉世的基本觀念〉，它的內容絕對不夠完整，也沒有辦法印證是否完全正確，但確實是我通靈多年來的經驗累積，我很用心的把這些經驗做歸納與整理，作爲出書以來的一個段落，希望它能對您有所幫助。其實說穿了還不是老生常談，說來說去，寫來寫去的還是那一套，只是我說歸說，寫歸寫，至於您要如何去做，就看您自己了，我幫不了任何忙。

我在書裡面所列舉的因果故事是我印象比較深刻的，然而一般人常常犯錯的卻是一些最普遍的「小事」，例如貪心、偷竊等等。「勿以善小而不爲，勿以惡小而爲之」，您可以從您身邊的親朋好友中找出這些小事嗎？

有人把宗教信仰分爲不信、迷信、正信、邪信四種，何謂正信呢？見仁見智，但是請記得——絕對可以不信，但是千萬不能迷信，更不能邪信。我一再強調，我不希望各位變成迷信的人，一旦迷信就很容易變成邪信。我希望各位能夠稍微用點腦筋想一想，很多的事情，不要隨隨便便的就跟著別人跟著流行起舞，只要讓自己的心平靜下來，讓自己的腦袋瓜稍微轉個彎，就能夠有所領悟，就能夠看出其中的端倪與破綻。

同樣的，我也不希望各位讀者被我的因果理論所迷惑而跟著我團團轉。如果您能夠從這一篇文章中找到不合理之處或覺得有必要補充者，歡迎一起來討論。不過像我這般能夠「通過去世因果」的人似乎並不是很多，假如您採用各種宗教經典上的敘述，或者是歷代高僧大德的名言，或者是五術中的專有名詞，那麼當我們碰在一起的時候，也只能雞同鴨講各說各話了。

爲了這一章的內容，我特別上網去找資料、翻閱百科全書，也試著到書店查相關的書籍，但是所得有限。本來我是害怕寫錯了誤導了大衆，沒想到卻發現沒有多少人發表對「因果論」的看法，有的也只是經書上的字句抄來抄去。我覺得很奇怪，市面上很多有關於宗教方面的書籍總是把經書上的句子這邊抄一句那邊抄一句，爲什麼就只有少數人試著用自己的觀察與分析寫下自己的看法呢？難道是害怕犯下欺師滅祖之大罪嗎？

時代在往前進，適用於那個時期的經典名句就一定適用於這個時代嗎？很簡單的一個例子，農業時代說多子多孫多福氣，後來說兩個孩子恰恰好，一個孩子不算少，而現在呢？又害怕人口結構斷層，擔心幾年後成爲老年人的世界。如果從科學的眼光來看也是一樣，以前說地球是方的，以前說……。我並不是希望大家以突破舊有的觀念爲目標，但是實在沒有必要被舊有的觀念所束縛，或引以爲榮或因此而指摘別人的不是。

何謂業障呢？

一般所謂的「業」，指的就是一個人的所思所作所爲，包括所有的思想行爲。而「業障」則是指過去（也許是過去世，也許是這一世）的思想行爲而影響到這一世的種種障礙。「萬般帶不去，只有業隨身」，這句話一點也不假。

因果輪迴轉世的精神是什麼呢？

「尊重生命，放眼宇宙」，每一世的生命雖然短暫，但是在這永續經營的宇宙中，唯有看得遠、拿得起、放得下的人，才能夠慈悲智慧雙修雙運，達到學習與服務的人生觀。

因果輪迴轉世的人生觀是什麼呢？

很簡單，「學習與服務」而已！在哪些人的身上比較容易找到這兩種特質呢？在義工、志工們的身上，我們看到了眞正在修行的人。到哪裡可以找到讓我們學習、讓我們服務的好道場呢？只要你願意學習、願意服務，浩瀚的宇宙中沒有一處不是修行的好道場。

守法的重要性

給自己一個謎題——爲什麼各位出生爲中國人（你要說是台灣人也可以）呢？爲什麼不是瑞士人？不是阿富汗人呢？不是白人不是黑人而是黃種人呢？光是這個謎題就夠大家好好想個夠了。禪宗要人觀想「我是誰？」生生世世往上追蹤我到底是誰，可是信仰其他宗教的人又該從何種角度觀想這個問題呢?我建議各位觀想「為什麼在這一世裡我會是個生長在台灣的中國人呢?」

當您實在想不出答案的時候,不妨給自己一個假設——也許是這樣吧!老天爺讓我「存在」這個地方,就是明明白白的表示「這個時間」、「這個空間」就是我修行的最佳道場。既然如此,那麼「守法」,守這個時空的法律,就是我最基本的修行戒律。祂們絕不會要求生長在美國的佛教徒必須照著台灣的法律民情風俗走,也不允許台灣的佛教徒只嚮往美國的生活而不遵守台灣的法律。

所以不分國家與宗教,在力行宗教的戒律之前請先遵守自己國家的法律。別人怎麼說我不在乎,我的通靈經驗告訴我,遵守您自己「那個時空」的法律是第一要務,沒有任何的藉口,因為如果有本事的話,那麼你為什麼不選擇出生在別的地方呢?這就是重點,既已出生,就已注定。

蓋棺論定

既然出生就已經注定，沒有辦法改變出生的時空，同樣的道理可以用在「蓋棺論定」，既然死亡，就沒有辦法再改變死亡的時空，一切就依「這一剎那」作爲這個時空各位所思所爲的總結束。公平嗎？絕對公平，因爲一切的一切都是靠自己的所思所爲來評分的，沒有任何的人、事、物可以幫上一點忙。

舉例說吧，有錢人在死後他的子孫可以爲亡者大做超渡法會，而那些不得不跟著軍隊來到台灣的老榮民們，孤孤單單的把他們的生命奉獻並葬身在中部橫貫公路、蘇花公路等等，你想，他們會變成孤魂野鬼嗎？不會的！在台灣就算沒有任何一個人在乎他們的生死，沒有任何一個人爲他們超渡爲他們掉淚，天堂也絕對會替他們預留位子的。那些大做超渡法會的，死後一定上西方極樂世界嗎？我相當存疑，因爲再怎麼解釋都是不公平的。有些善心人士拾荒過一生，生前無一兒半女，臨終時又將一生的積蓄全部捐給慈善機構，沒有爲自己留下一塊錢做法會，這些人死了之後，應該到哪裡去報到呢？

凡走過必留下痕跡

好了，自己為自己的這一生負責，老天爺又怎麼知道我們到底做了些什麼呢？回頭看看本書中的〈超級電腦〉與〈黑盒子〉那兩章吧！在這裡就不再多做說明。黑盒子把各位所有的起心動念和行為「全都錄」，所以有了疑問或不滿意，很簡單！只要把當時的現場資料調出來看看，就可以印證了，完全公平公開公正、自由平等民主。既然如此，我們又該如何為自己的黑盒子添加些耐人深思的好內涵呢？何妨對自己多一份要求與期許，對別人多一份關懷與包容！

黑盒子「全都錄」，錄的是我們自己，凡走過必留下痕跡，也因為錄的是自己的思想、自己的所作所為，所以任何一個人都有能力去改變自己黑盒子的內容，繼而改變自己的命運。我相信堅持「宿命論」的朋友也不會否認人一生的命運絕對不是百分之百的一成不變，如果一點都無法改變，那麼轉世為人又有什麼意思呢？老天爺隨時隨地留給我們希望，也留給我們彌補的機會，就端看我們自己要不要把握。

自己走自己的因果

常聽到有人說：「那是你的祖先生前做人不夠忠厚老實，又愛吃魚吃肉殺生太多，所以才會害得你們這些子孫受苦受難。」換到現在這個時代，如果你考上台大，註冊的時候，教務長告訴你：「根據我們的調查，你的父親是個作奸犯科的死刑犯，所以本校無法讓你入學。」

請問你甘心嗎？你的雙親做生意失敗了，債權人卻要你為父母償債，你甘心嗎？你的兒子是個智障兒，你到銀行想要貸款做生意，承辦人員卻推說因為你有個智障的孩子，所以不能貸款給你，你甘心嗎？結論是——「自己造的因自己嘗，別人絕對幫不上忙。」說白一點就是個人走個人的因果，絕沒有什麼禍延子孫、父債子還、子報父仇的事。

長期投資，永續經營

如果這一世出生為阿富汗人，在這個時候內亂外患又加上大地震，日子過得非常悲慘，也許他們心裡會想著：「為什麼我不出生在別的國家呢？」同樣的問題或許也出現在你我的腦海中。既已出生就已注定，如果這一世沒有辦法改變，那麼下一世有沒有機會可以改變呢？當然有的！因爲生命是生生世世永續經營的。舉個最平凡的例子吧！一個搶劫犯爲了搶錢而不小心殺死了一個人，他想，反正殺死一個人被抓到是判死刑，多殺幾個還不是一樣的結果，就豁出去了吧！於是他一不做二不休的繼續胡亂下去。如果說殺一個人之後，可以用他自己的一條生命去償還，那麼後來被他殺的那幾個人又要找誰去償命呢？如果您是第二個被殺死的人，您以爲該如何是好呢？

因果輪迴轉世最珍貴的地方也就是在這裡。生生世世，世世生生，它讓每個人有努力的機會，永遠有個目標可以努力而從不嫌晚。如果我這一世是阿富汗人，無須怨天也不用怨人，因爲這是改變不了的事實，但是我可以自己設定目標，做個長期投資——我希望來生可以當個瑞士人。於是從現在開始，就從最起碼的奉公守法開始，盡職的扮演好每一個身分的角色，盡量學習盡量服務……，一定會有那麼一世，我可以出生在瑞士，做個瑞士人。只是不知道那個時空的瑞士是否還是個風景秀麗的中立國。

也因爲是長期投資永續經營，生生世世不間斷，於是這一世的過錯（另一種的錯誤投資），只要在這一世沒有處理好，那麼到了來生，一樣是必須親自來道歉親自來償還的。最常聽到的一句話也是眞正的至理名言——「善有善報，惡有惡報，不是不報，時間未到。」

因果輪迴轉世

有人常問我這一類非常嚴肅的問題——「請問，我這一世爲什麼要轉世爲人呢？」或者是「我轉世的目的到底是要做些什麼呢？」「我的天命是什麼呢？」「老天爺交給我的任務是什麼呢？」「我主要學習的功課又是什麼呢？」……。對方的態度也許很認眞，但站在我的立場，這哪有什麼特別呢？

「生而爲人就像個人吧！生爲男人就做個男人，生爲女人就做個女人，這還有什麼問題呢？如果你還沒有結婚，那麼起碼就一定是人家的兒子或女兒，這時候，就做好兒子或女兒的角色。如果已經結婚了，就多做個好先生、好女婿、好妻子、好媳婦。如果有了下一代，就再加上做個好爸爸、好媽媽，這還需要問嗎？」人生眞的就這麼簡單而已，不需要以爲自己是如何的與衆不同，就算是仙佛來轉世吧！還不是一樣要經過母親的懷胎十月才落地。

但是，爲什麼要來轉世爲人呢？如果用簡單的十個字來說明的話——「還債、報恩、學習、考試、服務」，如此而已。

出生是無奈的嗎？

如果你想和我辯論些什麼，請先想好一個問題的答案，那麼我才可能比較有空和你喝咖啡聊是非。請先想想這樣一個問題：「請告訴我，爲什麼你是男（女）的，而不是女（男）的？」

很簡單的一個問題，如果這個問題太簡單而害你答不出來的話，那麼你可以換個題目做做看，請你告訴我，地球上的國家那麼多，哪個國家不好去，你爲什麼獨獨鍾情於台灣這個小島呢？世上美滿的家庭那麼多，懷孕的女人到處都是，你爲什麼不偏不倚的出生在你父母的這個家庭裡呢？想要來投胎轉世的小嬰兒那麼多，爲什麼你這個即將爲人父母的，好像完全沒有權利可以事先作個選擇呢？不但事前無法訂貨，事後也無法退貨。就算你是縱橫全球、舉手投足都令人傻眼的大人物，針對我以上的問題，也是莫可奈何吧！

你不覺得很公平嗎？面對前面的問題，你不覺得每個人都有無窮的希望，但卻也像是絕然的無望、無奈嗎？的確是有那麼一點點！

絕大部分的人不知道自己爲什麼一定要來出生，也不知道爲什麼非得走上死亡這個必然的結果。如果說是我們自己選擇要來出生，然後又自願眼睜睜的等著死亡的到來，一路上就這樣千辛萬苦的歷經生、老、病、死……，種種的過程，這樣的一趟旅程眞的値得我們親自來走一遭嗎？如果眞能有所選擇的話，我想很多人一定會自願棄權的。

這個出生與死亡的迷思，多少世紀以來就一直困擾著我們，而正確的答案，有「人」找到了嗎？就算有人找到了，那麼再請問一下，這個答案禁得起考驗嗎？可以放諸四海皆準嗎？可以適用於各種宗教門派、各個不同的種族、不同的國家、不同的地域、不同的性別嗎？

有人問我：「天堂好呢？還是極樂世界好呢？」「天堂和極樂世界的比較是哪一個比較上一層呢？」唉！當個人，連自己的生老病死都無法掌控了，天堂、極樂世界的差別，眞有那麼重要嗎？

有人問我：「爲什麼在台灣通姦就有罪，在國外某些國家卻沒有罪呢？我好羨慕他們！」我的回答是：「誰叫你要出生在台灣呢？」

有人問我：「爲什麼印尼的男人就可以有四個老婆，而台灣不能呢？」我的回答是：「有本事你就出生到印尼去吧，不過你可要小心一點，不要出生爲女人。」

有人問我：「我很不甘心，爲什麼我的一生這麼歹命呢？爲什麼我的一生要被我的八字、星座、名字、長相……給限制住了呢？那不是我的錯啊！我根本就沒有選擇的權利啊！憑什麼我要來人世間受罪呢？那些算命的都只能告訴我，我的將來可能會怎麼樣或怎麼樣，可是爲什麼就沒有人可以告訴我，爲什麼我會有這樣的命呢？爲什麼就沒有人可以告訴我，我之所以會歹命的原因是什麼呢？」

我的回答是：「你是很歹命沒有錯，但是，並不是所有的人都和你一樣，有些人很好命，而且還好得很離譜呢。那些很好命的人也和你一樣，他也不知道爲什麼會這麼好命。大家都一樣，都不知道爲什麼，都不知道哪裡出了問題，傻傻的來，又傻傻的去，只是在人世間，一回又一回的走來走去，學到了什麼呢？找到答案了嗎？是宗教的不同嗎？是種族的不同嗎？是國籍的不同嗎？是地域的不同嗎？是性別的不同嗎？這確實是個很值得探討的人生大事，不是嗎？」

何妨再回頭想想我的問題：「爲什麼你是男（女）的，而不是女（男）的？」很棒的一個問題，是吧！

永遠還不了的債務

如果我有億萬家財，如果有那麼一天，我自己開車不小心撞死了人，如果肇事鑑定的結果又是我的錯，那麼憑我的聲望與財富，我能夠免去牢獄之災嗎？我不用民事賠償嗎？在不民主的國家，也許有這個可能，但是別忘了，老天爺絕對是非常講究民主的。

可是，就算司法單位依法行事，我也乖乖的與家屬達成了民事部分的和解，還被抓去關了好幾年，可是，永遠的永遠，我都無法讓那個被我撞死的當事人復生，也許我並沒有撞死他，我只是撞斷了他的一條腿，害得他從此少了一條腿，一樣的，我永遠也無法讓他的腿回復到以前的樣子……。

如果我是欠了別人的感情，或只是欠了別人的金錢，但是還來不及清償，對方就先回老家報到了，或者是我斷了氣先走一步了，那怎麼辦呢？就算我無意欠債，但是沒有了肉體，我也沒辦法，能怪我嗎？但是，因爲我的死亡而造成對方平白的損失，難道就只能說是他比較倒楣，一句話就帶過了嗎……。原來永遠還不了的債務，居然這麼多，可是卻總是被我們忽略掉了。

因果裡有三個標的物——「欠命還命，欠情還情，欠錢還錢。」金錢容易計算，感情也還好償還，然而生命呢？一條生命値多少呢？

有一天晚上，我在超商櫃台前排隊結帳，站在我後面的一對年輕男女說話了，女的問：「上次你車禍撞死一個人，後來怎麼處理？」男的答：「我爸爸拿錢賠了他家人兩百萬。」女的接口：「一個人兩百萬，很便宜嘛！」

常有人這樣計算：「那沒什麼了不起嘛！看對方要多少錢，賠他就是了！」我會反問他：「如果被害死的人是你，你要原諒對方嗎？」得到的回答往往是：「看看到底是什麼樣的情況再說嘛！」口氣有點不一樣了。我會再加強語氣：「好！如果我問你，被害死的是你養了二、三十年，而且相依爲命的獨生子時，你會怎麼樣呢？」「我絕對不會那麼輕易的放過對方，我會拿我這條老命和他拚到底！」表情絕對是咬牙切齒的。

「將心比心」說起來容易，做起來就是不一樣。比方說，接生經驗再多的男婦產科醫師，永遠也無法眞正的體會到懷孕、生產的種種感覺。會懷孕生子的婦人，永遠也無法體會不能正常生育婦人內心的怨懟。

欠十元還十元，欠一百還一百，欠一萬還一萬。如果不滿意，再加上利息。殺一人還一命，殺兩人？命一條給你。殺五十人呢？還是命一條，多了也沒有。公平嗎？永遠也不會公平的。因果輪迴轉世主要的考量就是應該如何「公平」的處理這些在生前永遠償還不了的債務，好讓雙方的債權人和債務人都能夠比較心平氣和的接受這樣的和解方式。

很多人和我談過這個問題：「老天爺爲什麼不來個現世報呢？現在的人心這麼壞，惡意倒會、關廠、綁架、撕票、搶劫、強暴、放火、製造假鈔、假酒……，一點也不把人當人看，實在是太過分了。」是眞的很過分，但是現世報對這些加害者有用嗎？有時候警察辛辛苦苦的把這些人抓了起來，可是沒有多久，司法機關又把他們給放了，因爲他們強調「人權」。也許吧！有人強調「活的人」的人權，老天爺卻忘不了「死的人」的人權，因爲這些死去的人也曾經是活生生的人！

想想前面我所說的，殺兩個人該怎麼來個現世報呢？如果還要加上受害者後面所連帶的家屬賠償問題，那麼問題不是越扯越複雜了嗎？再說加害者在這一世裡，本來就安排好必須要繼續走完的「命運」又該如何解決呢？雖然說注定的命運只佔了百分之六十，但是這六十的部分卻是這一世裡的主軸，說不定還有很多過去世裡屬於他的債權人、債務人，都還在等著他、想陪著他，繼續走完這一生呢。所以老天爺並不見得願意大費週章的更改程式。

再說，如果來個現世報，假設是乙殺了甲，那麼，老天爺是要利用丙殺了乙呢？還是要乙自己出了意外而死亡呢？事後，丙又要如何處理呢？如果甲跳出來，抗議說道：「誰要你們多管閒事！我要自己親手殺了乙才會甘心！」這個時候，又該怎麼辦呢？畢竟受到傷害的是甲而不是其他人。

如果在這一世裡，就讓這些加害者如期的走完他原本的命運，那麼等他死亡之後，屬於他個人的這個因果帳戶，再來作個總整理、總清算，那麼事情不就簡單多了，也清楚多了嗎？反正因果輪迴轉世是個永續經營的企業，永遠有下一世、下一個營業時間在等著，永遠也逃不掉的。

永遠還不了的債務——我指的是在這一世裡永遠無法清償的債務，不是不會報，只是時間還未到。

死亡後的第一個抉擇

黑盒子從當事人一出生就開始運轉，直到他斷氣的那一剎那才停止，也就是說，黑盒子記錄了當事人在這一人世間裡所有的起心動念和所作所爲。也許在斷氣的那一刻起，又有了另一組不同的記錄器，開始記錄著這個人處於靈界狀態之下的一切。但是到目前爲止，關於靈界的部分。我並不清楚，說穿了，所知還非常非常有限呢。

「知之爲知之，不知爲不知」，我並不需要引用佛經上仙佛菩薩的說明，或者是借用歷代大德的經驗來作爲我的補充。我一再的強調，我是個不看經書，也看不懂經書，不拜師也不收徒弟的人，如果有些文句剛好是經書上所記述的，那一定是一般人很容易就耳熟能詳，未必得看過經書才懂的，例如：「若要人不知，除非己莫爲」、「菩提本無樹，明鏡亦非台，本來無一物，何處惹塵埃」、「善有善報，惡有惡報，不是不報，時間未到」。

死的那一剎那，又是怎麼一回事呢？我以爲是這樣的——不是祂們來找當事人，就是當事人的靈魂馬上回去報到了。爲什麼要這麼急呢？爲什麼不等七七四十九天呢？《西藏渡亡經》不是說了一大堆人死之後該注意的事項嗎？而我為什麼會如此說呢？這就是我的經驗。因為我曾經算過很多人未滿四十九天就轉世了。

很多人來問我：「我的親人已經往生了，我想知道他們現在過的好不好？」我不會「牽亡」，也不允許陰魂來附身，我也不隨便就說往生的人怎麼了。聽到這種問題之後我常隨口就說：「那我就隨便編個故事騙騙你吧！反正你永遠也沒有辦法印證我的說法正不正確。」「雖然我每次都這麼說，可是我卻從來沒有一次騙過人，我都還是很認眞的去調資料。」我總是又接下了這樣的一句話。

有一陣子，媽媽住在安寧病房，那兩個月只好由古老師上陣。有一天，我抽空到木柵的問路咖啡看看，結果正好是座談會的時間，來問事的有很多並不認識我，我也樂得坐在台下當個聽衆。

有一個男士如此問道：「請問一下我死去的爸爸媽媽，他們現在怎麼樣了？」

很巧的，他正好和我同桌，只是他不認識我。

「他們兩個都在上面修行。」古老師閉眼看了一下，作了結論。

「為什麼會不一樣呢？我也問過台北一個很有名的女通靈人，可是她說我爸爸和我媽媽都已經轉世了，爸爸轉世到江蘇，媽媽轉世到香港。一樣是通靈人，爲什麼同樣的問題卻有不一樣的答案呢？」

「可是我的訊息是你的爸爸媽媽都在天上修行。」

「那就很奇怪了，難道是通靈人的通靈程度或執照不同的緣故嗎？」

「對不起！這個問題我沒有辦法回答你。」古老師無可奈何的說著。

「這位先生，我就是陳太太，因爲我媽媽生病，所以才由古老師代班。在座的如果參加過我的座談會，一定知道我會怎麼樣，他會怎麼樣。」

「他一定會被你罵的！」對面那一桌坐了幾個熟面孔的小姐回話了。

「你不覺得你很迷信嗎？我問你，不管是哪一個通靈人說對了，你有辦法印證嗎？那個女通靈人說你爸爸轉世在江蘇，媽媽轉世在香港，那麼就算你到香港找到你媽媽，到江蘇找到你爸爸，我想轉世的這兩個人也不見得會和你相認。」

「那我到底要相信那一個通靈人說的話呢？」

「如果換成是我，我一定會先調出當事人在世時的特別個性，印證對了之後，我才會進一步的去看這個人到底現在在什麼地方。」

「那我能不能問你，我爸爸媽媽現在在什麼地方呢？」我實在是自找苦吃。閉眼看了一下。

「你爸爸是不是很喜歡畫畫呢？」

「沒有！」

「可是我看到的畫面是一個人站在一個大桌前，手上拿著筆，好像要畫畫的樣子。」我站了起來，模仿了一下我所看到的畫面。

「我爸爸不會畫畫，可是他的大字寫得很好。」

下面的情節就不用多敘述了。就因爲這種資料調多了，所以我也累計出一些看起來好像還有那麼一回事的模式出來。這些模式都有一個重點，那就是當事人一旦斷了氣之後，祂們馬上就找上門來，不然就是這個當事人的靈魂馬上回去報到。回去哪裡呢？一定會有人這麼問，「我也不知道！」我也不知道這些靈魂要回到哪裡，但是我知道不管怎麼樣，有一個動作必須馬上處理——打開黑盒子，重現裡面所有的資料讓當事人看個清楚。

想想看，刑案發生時，警察常會重回刑案現場搜證，或者事後重建當時現場的狀況。只不過老天爺省事多了，只要打開黑盒子就行了，因爲黑盒子裡有錄影機、錄影帶、還有攝錄心念機。

「若要人不知，除非己莫爲」，黑盒子被打開了，一生一世所有的起心動念和所作所爲，原封不動的重新走過一遍，有什麼目的嗎？當然有！因爲所有重要的轉世「抉擇」都決定在這一刻。爲什麼呢？是否有眞本事、眞功夫、眞修行就完完全全看這一刻了。

也不過才剛斷了氣而已，人世間的種種習性當然依舊存在，一些自以爲高人一等、修得很好的人，開口閉口總是苦口婆心的勸人說「不要貪」、「要悲智雙修」、「要待人如己」、「要原諒別人」、「要學會放下」、「要會捨得」、要……，說起來很簡單，聽起來也並不難，大家都會，等到自己眞正碰上的時候，才知道根本就不是那麼一回事。

誰是眞材實料的修行者呢？是衆人之上的總統嗎？是咄咄逼人的立委嗎？是高高在上的學者嗎？是道貌岸然的出家人嗎？是不食人間煙火的富貴子弟嗎？還是默默無聞的市井小民呢？

就在死亡後的這一剎那，一問，便分高下。

所有因果輪迴轉世一長串重要的「人生舞台劇本」，就此展開編寫工作。這個爲當事人特別編寫的「下一世」人生舞台劇本，老天爺秉持著「民主的觀念」，絕對尊重「當事人」的抉擇。然而這些抉擇，都只有「唯一」的一次選擇機會。劇本的故事內容與角色的安排，一經定案，絕無修改的機會，也完全沒有機會彩排，時間一到，直接就上場表演。

因果輪迴轉世基本運作模式的根據

有人說：「信仰佛教一定會相信因果，相信因果卻不見得等於信仰佛教。」二○○二年十月的時候，有位在國立師範學院任教的佛學講座教授，拜託我去幫她的學生上一堂課，我大笑一聲：「妳不怕學校把妳解聘嗎？」對方說了一句我無言以對的話之後，我很樂意的接受了邀約。她說：「佛學的理論如果脫離了因果，那麼它就不存在了。佛學的理論，因果的道理，我是懂了不少，但是我卻完全沒有因果的實例可以告訴學生。」

別人我不知情，但是我自己，因爲深信因果法則，所以對自己的心念與行爲，就會要求得比一般人更加嚴格。我會很擔心「因」的產生，也會盡量去製造好的因緣，至於「果」報如何？反倒不在乎。我只有簡單的一個觀念：「豈能盡如人意，但求無愧於心。」

在《如來世4——因果論二》中，我提到〈應該注意的因果輪迴重點〉，文中我所列舉的：改變個性的重要性、瞻前顧後謹言愼行、尊重生命、不要凡事都推給因果、一旦啓動無法停止直到結束、換個角度思考問題、學習與服務、悲智雙修雙運，不要阻礙別人的成長、勿隨便許願或發誓、臨終時的眞正放下，這些重點都是平日生活當中必須注意的小細節，因爲一點點小細節的「因」，可能就會大大影響到未來世的「果」，豈可不愼！

至於這一章，則是介紹一些「因果輪迴轉世基本運作模式」的根據，也就是說當「因」發生時，老天爺是憑哪一種「法源基礎」，去決定或處理這個「因」所應該對應的「果」呢？

我用因果故事來加以說明，這樣比較「特別」（我沒有多少東西，但是因果故事特別多），讀者才會印象深刻。否則，理論講了一大堆，沒有例子作說明，不但很難令人信服，更難以讓大家有所體悟。因爲討論因果的書籍實在太多了，但是好像總是些理論性的文章，總是告訴大家「善有善報，惡有惡報」，至於實際上，要注意那些大綱或小細節，從來沒有人寫過。我來開先鋒！

一因對一果

所謂一因對一果，就是說，一旦有個「因」發生了，那麼一定會有個相對應的「果」出現。可是我們又怎能確定這些果報一定會發生呢？「時」這麼長，光是有記載的人類歷史就有多久了呢？更不用提那些尚未查證的古文明。「空」這麼廣，光是地球就不得了，更不用提什麼外太空，什麼異次元的。在我們所看不到的時空當中，或許這個果報早就發生過了，或許這個果報才即將要發生，只不過我們似乎很難有機會把「因與果」串連在一起罷了。

不是老天爺不想讓我們知道因與果到底是怎麼一回事，只不過，祂們一直希望，不管在任何的時空，任何的「人」，都有同樣的機會享受「學習與服務」。（如果你看到了〈考試〉那一章，你就會明白，祂們和我們相去不遠。也許只是智慧比較高一點，能夠發揮更有智慧的慈悲。）一個「因」出現了，就有一個「果」在等著接戲，至於這個果會影響到什麼程度，這個果會牽涉到多少人、多少層面，那就不一定了。有時候，只影響到對方，有時候還會影響到自己，有時候牽來牽去，影響了一大串的人。

舉個例，有五個人，一個父親（行賄者），一個兒子（兇手），一個是受害者（甲），一個法官，最後一個是被嫁禍的人（乙，受冤枉的人）。故事是這樣的，兇手兒子殺死了受害者甲，行賄者父親為了拯救自己的兒子，於是拿了一大筆錢去賄賂法官。這個收了錢的法官於是嫁禍於乙，並且判了乙死刑。如果過去世是這樣的一個實際情形，那麼我們該怎麼看待這件因果呢？

一、父親溺愛兒子，不但沒有勸兒子投案，而且還為他而行賄法官，犯了「阻礙兒子成長的罪名」。

二、父親行賄法官，這兩個人統統有罪，都直接害了受冤枉的乙。父親害了法官、害了乙；而法官本人害了自己、更直接害了乙，也阻礙了行賄者父親和兒子的成長。

三、兇手直接害了受害者甲，間接害了被嫁禍的乙，更害了父親和法官。

四、除了以上幾點之外，這五個人彼此之間，一定還有很多的惡「因」成立。這些種種不同的「因」，各會有種種不同的「果」在等著。

五、如果我們再加上第六個人，另一個正直的法官丙，丙察覺這個案例怪怪的，於是自動申請再調查，最後終於伸張正義，為乙洗清了罪名。那麼這六個人之間的「因」就更複雜了，除了欠債還債的「惡因」，還多了有恩報恩的「善因」。至於這些善因、惡因，所相對應的果報又該是如何呢？你不妨繼續動動腦吧！

這只是這六個人在那一世裡的一個「故事」而已，六個人除了這檔事以外，各自在那一世裡，也一定還發生了很多很多的「故事」吧！故事的內容、人物大概也不相同！如何把這六個人「各自」的故事和「共同」的故事，所造成的種種惡因、善因，統統一起整理，還要想辦法「很公平」的處理未來世各個人所應得的果報……，有高科技背景的高人，是否可以算一算，光是台灣人就好了，光是處理「台灣人的因果輪迴轉世檔案」的電腦，大概要有多少的容量呢？

有人有這個興趣嗎？願意和祂們較量一下嗎？不用管電腦容量的問題，只要挑戰一下「因果輪迴」的程式設計就好了。

所以，從以上的例子，就可以很清楚的看出「一因對一果」，也就是說，絕不能把所發生的種種「因」加加減減，然後再看看最後「因」的「餘額」是多少，才來決定「果」。

再舉個熟悉一點的例子，震驚台灣社會犯下擄人勒索案的陳進興在犯案過程中強暴了那麼多的女孩，如果他沒有被警察抓到，事後他後悔了，隱姓埋名到處幫助其他被別人強暴的女孩。那麼我請問各位，如果有一天警察抓到他，他可以強辯說：「可是我後來幫助了好多女孩，所以你們應該赦免我的罪。」好了，就算司法願意赦免他，請問曾經被他傷害過的女孩又要向誰去抗議呢？

同樣的，如果他逃到了美國，終其一生，都沒有被抓，也都在做善事，那台灣這些受傷害的女孩，又該怎麼辦呢？所以因果論必須要能夠跳脫國家地域的限制。

同樣的，就算他被抓、被判了死刑，但是這些女孩，又得到了什麼呢？她們的傷害誰來負責賠償呢？

同樣的，如果他在信仰佛教道教的時候，傷害了女孩，後來他後悔了，改信基督教或天主教，就算他還是被抓、被判死刑，那麼當他到了基督、天主的殿堂時，就算祂們原諒了他，但是被他傷害的女孩又怎麼辦呢？誰能替她們出口氣呢？誰有勇氣指責佛祖、咒罵天主呢？為了要為這些女孩主持正義，因果論也必須要能夠跳脫宗教的限制。

同樣的，他被抓、被判了死刑，他知道自己錯了，到了下一世，他拚命行善，他跟老天爺講：「前一世我害了人，可是這一世我救了很多人，所以，你們應該赦免我前一世的罪。」如果老天爺這麼做的話，那麼還是一句話，那些受傷害的女孩要自認倒楣嗎？如果他轉世為外國人，又要如何呢？所以因果論也一定要能夠跳脫時空和種族的限制。

你懂我的意思嗎？因果，絕對沒有加加減減，一個因就是一個果，一個因發生，就會有一個相對應的果在等著，不要以為「後功可以補前過」，在因果論裡，沒有這麼便宜的事。

坊間流行的「回向」，不管是念經回向，還是做功德回向，還是其他種種回向，對不起！在我這一套因果理論裡，在通靈爲人服務十年的經驗裡，從未發現「回向」可以改變因果的。

＊登山客

這一世裡的媽媽和女兒在過去世裡是鄰居的關係，兩人都是女的，媽媽大約十七、八歲，女兒大約四、五歲的模樣。

大姊姊嫉妒小妹妹擁有富裕的家境，於是把她騙到山上，走到半山腰的時候，再藉機把她甩了。大姊姊原是希望鄰居的小妹妹在山上迷了路，然後死在山上。但人算不如天算，居然來了外地的登山客，把小妹妹給救了。大姊姊回到家時，發現小妹妹竟然比她還更早安全到家。

當然了，知道妹妹是被登山客救回來時，壞心眼的姊姊，一定恨死這個登山客了，但是她能罵他嗎？大姊姊不但得向大家編個故事賠不是，還得向登山客道聲謝謝，謝謝他把小妹妹救回來。只不過大姊姊、小妹妹還有登山客每個人的黑盒子裡，都分別記錄了一部分的「歷史實況」。在大姊姊和小妹妹的黑盒子中，都各有大姊姊「起心動念」和小妹妹被甩的紀錄，而在小妹妹和外地登山客的黑盒子中，也都存在著小妹妹被救的現場畫面。

在這一世裡，外地登山客變成了爸爸，大姊姊變成了媽媽，小妹妹則是兩個人的女兒。媽媽對女兒非常寵愛，但是夫妻之間卻相處不佳。媽媽愛女兒，我們知道那是媽媽欠女兒，但是夫妻之間的債權債務又該如何看待呢？做太太的並沒有欠先生，只不過有這個可能——不管太太怎麼看先生，怎麼看就是不順眼。結果先生和太太鬧離婚，而做媽媽的，想要把女兒帶在身邊。

對這樣的結果我並不感到意外，為什麼呢？因為媽媽欠女兒，所以當女兒還很小，正需要有大人照顧的時候，媽媽當然有「欠債還債」的義務，一定要來照顧她。但是等她長大了、獨立了，照理推測，她應該會和爸爸比較好，因為爸爸享有「有恩報恩」的權利。那個時候的媽媽，內心裡一定非常不平衡，心想：「為什麼我這個單親媽媽，辛辛苦苦把女兒拉拔長大，可是到頭來，她卻對從來就沒有照顧她的爸爸比較好呢？」各位，如果你和這一位媽媽的情形很相似的話，你現在知道原因了嗎？

*輪椅婆婆

婆婆坐著輪椅，被女兒和外孫女推著進來，她想知道她和女兒和兒子的因果。

母女因果：在某一世裡，女兒是她的後母，後母和這個女兒相處得很好，又因爲後母婚後許久未生育，所以兩人就像姊妹般。後來後母生了一個孩子，女兒很照顧這個小妹妹。有一天，女兒央求媽媽的同意之後，背著小妹妹外出。她將妹妹放在竹簍內，背著她到處走，來到了井邊，一時好心便替人打起井水來了。沒想到爲了打井水，就這麼往前一彎身，背後竹簍內的妹妹就順勢掉下了井裡……。她被後母打斷了雙腳，後來也因此而死亡。

母子因果：在另外一世裡，兒子是個老員外，母親是兒子家的大總管，這個總管不滿老員外對他的待遇，於是就以少爺爲報復的對象。偏偏老員外非常寵少爺，小少爺想要什麼，老員外一定想辦法給他。我看到的就是這個少爺正在吸食鴉片的畫面，而總管就站在一旁伺候。原來老爺並不知道吸食鴉片的下場，於是總管利用老爺這個弱點，想辦法傷害這一家人。總管告訴老爺，少爺很喜歡吸食鴉片，老爺就這麼傻傻的一直拿錢出來供兒子買鴉片……。最後，當然是人亡財也空。

這一世又是如何呢？婆婆已中風十五、六年了，剛開始中風的時候，兒子把她送到療養院，女兒和女婿看不過去，就把媽媽接回來照顧，這麼一顧，十五、六個年頭就過去了。而父母的財產早在中風之前就過繼給兒子，就連母親給女兒的不動產，兒子也想辦法動手腳……。

在三個多鐘頭的座談會中，我發現這個年約五十歲的女兒眞的很細心，一下子搓搓母親的手，一下子轉個方向換個椅子，再按摩一下媽媽的頭部。

法律與承諾

老天爺既然讓你轉世到台灣這個時空，那麼就表示「這個時間」、「這個空間」是你修行的最佳道場。既然如此，那麼「守法」，守這個時空的法律，就是你最基本的修行戒律。也許別人有不同的看法，但是我以爲不分國家與宗教，在力行宗教的戒律之前，請先遵守所處國家的法律。

善惡往往是主觀的價值標準，但既然都生爲台灣人，那麼自然就得遵守台灣這個地區、這個社會的「法、理、情」（這個道理在本書〈因果輪迴轉世的基本觀念〉的〈出生是無奈的嗎？〉這一節已提過）。爲什麼呢？

因爲再多的法律，也無法含括所有必要的注意事項。既然法律的條文「有限」，那麼就只有藉助無限的「承諾」了。如果法律是有形的承諾，那麼承諾就是無形的法律了。

舉個例，如果我和一位男士同居，他的父母生病了，我有必要去照顧嗎？不一定吧！就算我不去探望，別人也不敢多說我什麼。如果我是那位男士的老婆，他的父母生病了，我有必要去照顧嗎？當然了！如果我不去幫忙的話，那麼「不孝」的罪名就會落在我頭上。在因果上，也是如此看待，以「白紙黑字」的法律爲準。

如果有一對愛戀中的男女朋友，男的必須去當兵，又擔心女友會變心，於是對女朋友說：「妳一定要等我回來娶妳，不要兵變喔！」女孩鄭重其事的告訴男友：「放心好了，全天下我只愛你一個人，我一定會等你回來娶我！」男孩心滿意足的當兵去了。沒想到，兵變還是發生了。男孩知道之後，選擇自殺以示抗議。

雖然男朋友自殺，並不是女孩唆使的，但畢竟是因爲女孩兵變而發生的不幸事件。這時候，兩人之間雖然沒有白紙黑字的法律約束，但是卻有「承諾」的存在，一種雙方皆在自主意識之下表態，並且都願意接受的「承諾」。當有一方違反了承諾，並因此而造成另一方的傷害或損失時，那麼老天爺就得憑著當事人的「承諾」，代爲處理其間的債權與債務了。

我常勸人不要隨隨便便就輕率「答應」別人，也不要動不動就許下「承諾」或「發誓」。「一諾千金」實在還不足以形容「守信」的重要性，因爲如果耽誤了時間，傷害了生命，又豈是千金可以換回的。我想老天爺的這個「根據」滿正確的，因爲「守法、守時、守信」本來就是很基本的做人要求，如果大家都說話不算話，或朝令夕改，那麼，出問題時，「冤有頭，債有主」，請問，該找誰呢？該怪誰呢？該如何解決呢？

因果要面對的對象，往往是家人，如果不是因爲家人的關係，你會「心甘情願」接受如此的果報安排嗎？如果不是因爲家人的關係，你早就「閃得遠遠的」，不是嗎？就爲了強迫我們，直接的、勇敢的面對因果，祂們利用「家人」與「法律」的關係與約束力，把我們綁得死死的，怎麼逃也逃不了！所以絕大部分的果報都是等雙方當事人進入「法律」所謂的「家人關係」時，才會開始運轉。

＊懷孕就外遇

有一次座談會中，一個年輕的女孩提起她的婚姻問題，她說她已經訂婚了，她想知道和未婚夫的因果。我問她訂婚多久了？哪時候要結婚？她說，已經訂婚三年了。我說，都三年了，爲什麼還不結婚呢？她說，她還不是很想要結婚。

於是我就問在場所有的朋友，我說：「你們說，她該不該結婚呢？」結果一大堆人都說：「那妳就不要結婚了，因爲已經三年了，而妳還不急著結婚，這就表示妳不是眞正愛他。」這一大堆人都是老鳥，說的全屬經驗之談。

「可是我們戀愛七年，訂婚三年，如果就這樣吹掉，我覺得滿可惜的，也不甘心。」各位！你以爲呢？會不會可惜呢？又有什麼不甘心呢？

「我能不能把我的經驗告訴前面的那一位小姐呢？」說話的是坐在最後面最邊邊的一位小姐。

「我和我先生相戀了九年，從大學時代就開始交往，還是同學們一致公認最好的一對，等到結婚之後，我懷孕了，他就開始有了外遇。」

＊婆婆辭職了

這是一個很討人喜歡的女孩，長得甜甜的，聲音也很好聽，隨時都笑臉迎人，那不是裝出來的笑臉，是自自然然的美。

她想知道和婆婆、先生的因果。

這是一家合法的妓藝館。婆婆是老闆娘，媳婦是姊妹群裡的當家台柱。在那一世裡，老闆娘爲這個台柱接了不少生意，台柱也爲老闆娘賺了不少錢。後來有人看上了台柱，想爲她贖身娶她爲妻，老闆娘也答應了，但是又說：「希望妳贖身之後，再幫我一下忙，等我找到接替的人手之後，妳再離開。」台柱答應了。只是她先生不希望她重操舊業，於是在這個因果故事裡，她失信了。

這一世中又是如何呢？這個婆婆在兒子高中的時候，先生就過世了，從此獨自扛起照顧一兒一女長大的責任。又上班又顧家，一根蠟燭兩頭燒……。兒子和媳婦相戀了九年才結婚，未婚前，婆婆總是在大夥兒面前說她多喜歡兒子的這個女朋友，事實上眞的如此。只是結婚之後，不到半個月的時間，婆婆就辭去了工作，並且告訴媳婦：「你每個月的薪水要拿一半給我，從今天開始，你要負責煮飯。」婆婆的女兒又是如何呢？她還沒有結婚，但從來也不用拿錢回家。

這個女孩就是如此討人喜歡，當她在述說這些不平的待遇時，一點也沒有怨恨或心酸的感覺。她的表情，讓人一看就知道她做得很心甘情願，沒有一絲絲的不滿。她好喜歡小孩，好想自己親手帶小孩長大，可是先生卻因為經濟不景氣的關係，不敢太早有小孩。唉！我該怎麼說好呢？她該還的還是得由她自己去還！

先進先出法

有人常問我：「陳太太，請問你講的是第幾世的因果故事呢？是在什麼朝代呢？是穿什麼樣的衣服呢？」如果你也是這種人的話，我建議你不要來找我，直接去做催眠好了。我通靈時所看到的畫面，通常都只是一、兩個簡單的畫面，只有主題或是重點而已，其他的都被省略掉。因為祂們想讓當事人知道的是「人與人之間」的因果關係，至於那個因果發生在什麼時代、什麼地方，重要嗎？

因為是「一因對一果」的關係，所以通常就會有一種現象發生，什麼現象呢？「先進先出法」，我不是說坐電梯、坐公車時的先進先出，我說的是做會計時的先進先出。假設有五世都是轉世輪迴為人，現在是第五世。

在第一世的時候，也許你犯了一個大錯，欠甲方六分，但是對乙行了一個大善，乙方在未來世必須向你報恩七分。

到了第二世，老爺安排你應該償還甲方六分，你還清了這六分（你還清了，和甲方沒關係了），但是卻又造了另一個惡因，欠了丙方九分。

到了第三世，老天爺安排乙方來向你報恩七分，他也剛好報恩報了七分。（乙方報恩完了，你和乙方也沒有關係了。）

到了第四世，老天爺安排你應該償還丙方九分，可是你只還了八分而已，又另外造了新的惡因，這個惡因，必須償還丙方五分。

到了第五世，老天爺安排你必須還丙方「兩個惡因」，一個是第二世和第四世，九分減掉八分所剩下的一分，另一個就是第四世的五分。有一天，你去找通靈人調因果資料，想知道你和丙的因果。結果這個通靈人調到第四世，你欠丙五分的這個因果故事。隔沒多久，你又去找通靈人，也許是別人，也許還是前面這個通靈人，結果他卻說了一個不一樣的因果故事。

為什麼呢？原來，通靈人是調到另一個尚未「擺平」的因果，那就是第二世欠丙九分，卻只在第四世還了八分的那個因果故事。為什麼會先說第四世，你欠丙五分的因果故事呢？

因爲這個因果還有五分沒有償還，份量比較重，比一分還重。

在第五世，你了解了因果的道理，於是很認眞的「在日常生活中力行悲智雙修雙運」。眞棒！你剛好還清了欠丙而尚未「擺平」的那一分，至於份量比較重的五分呢？哇！不但從「負的五分」乖乖的還，還到「歸零」了，還繼續往「正分」的方向在前進，最後居然是停在「正的三分」，變成丙在未來世要向你報恩三分。不但如此，在這一世裡，你還做了很多的善事，但是也遭到了很多的傷害。不過，你一點也不害怕面對死亡，因爲你知道因果法則是怎麼運作的。

第五世你死的時候，很淸楚的告訴老天爺：「別人欠我的，我全部原諒他們；我施過的恩惠，我統統不求回報！」當你看完整本書的時候，你就會完全明白我寫這一段的用意。

各位，你看出「先進先出法」的意思了嗎？也就是說，如果沒有特殊的情形發生，那麼應該要處理的因果事項，一般是按照先後次序來的。先發生的先解決，後發生的後解決。但是，「一世爲人」，除了必須「享受」過去世的「舊因」所造成的「果報」之外，往往還會製造出許多的「新因」，不管是善因，還是惡因。

所以每一世老天爺要處理、安排的果報多不勝數，有的也許是好幾世前的因，卻必須等到這一世才處理，就因爲必須等到所有的條件符合、因緣成熟了之後，才可以順利進行，祂們絕對會給每一位當事人，一個很公平、合理的交代，絕不會隨隨便便就「交差了事」。

從這個先進先出法，我們就可以知道，就算過去世我們如何的大惡不赦，就算我們都不知道過去世的種種因果故事，只要有心還債，不要阻礙了別人的成長，盡量行善，不再製造任何新的惡因，那麼總有那麼一世，我們可以還清所有過去世的債務，而進入修行的另一個境界。

先苦後甘

聽過「義賊廖添丁」的故事嗎？看過「俠盜羅賓漢」的電影嗎？這跟因果又有什麼關係呢？原來廖添丁和羅賓漢一樣，都是富人的眼中釘，窮人的救命恩人。問題是，在過去世裡，難道是富人欠了廖添丁和羅賓漢嗎？還是他們兩人必須向窮人報恩呢？姑且不管過去世如何，我們就假設他們兩人的行爲，純粹是這一世裡的「因」，而不是過去世的「果」。

記得前面我們所談的「一因對一果」嗎？想想，廖添丁與羅賓漢，搶劫了富人的錢，再佈施給窮人。搶劫是「惡因」，佈施是「善因」，惡因會有惡果，善因會有善果，沒有辦法拜託老天爺來個加加、減減、乘乘、除除，看看最後的餘額是多少再做決定。

那麼多的善因、惡因要處理，怎麼辦呢？一般而言，祂們都是先處理「惡因」的部分，為什麼呢？因為「債權人有絕對的優先權」。另外祂們也希望世間人能夠「早還早了業」、「無業一身輕」，於是就採用「先苦後甘」的方式，先讓債務人償還債權人，再讓受恩者回報施恩者。

聚少成多

如果你是醫生，多收病人五十元的診療費，我想病人大概不會對你怎樣，因為病人都想趕快把疾病治好，不太可能和醫生討價還價，說不定他還認為越貴越有效。

如果你是醫生，只要每個病人多收五十元，一天三十個病人好了，你就可以多收一千五百元，一個月看診二十天，就多了三萬元的收入，一年呢？如果這五十元是應該要收的，那祂們就沒話講，如果是超收的、是惡意的，事情就沒那麼好商量了。

其實每個病人只不過多損失了五十元而已！小錢嘛！有什麼好計較。不錯！沒有一個病人會和你計較，說不定他們還會爲你說話，站在你這邊呢。可是祂們就不一樣了。祂們會根據一般的標準來處理，祂們一定有辦法讓你把多「吃進去」的錢外加利息，一毛不差的「吐出來」。

既然這些錢來自四方的病人，那麼這一世裡你多收的錢，就有可能在下一世統統回吐出來。想一想，可以吐在哪裡呢？喔！吐在股票市場就可以了嘛！因爲那個地方一樣充斥著四方大衆。

如果你是販賣食品的商人，爲了增加營業收入，總是喜歡加一些防腐劑，讓食品看起來養眼，吃起來爽口。因爲客人一次食量有限，所以保證絕對不會出問題。不過老天爺可不是這樣計算的，祂會一個一個加總起來，一起算總和是多少——聚少成多，等到累積到某個程度，因緣成熟，就一定會來要債了。

＊喉嚨痛

「我想知道我身體的因果。」一個四十出頭的婦女問道。

「這個故事說來話長了。我看到的是一張長長的桌子，好多小朋友坐在桌邊，妳正在盛東西給小朋友，那個東西好像還在冒著煙。我知道了，原來妳是小學老師，大概是小學一年級或二年級的老師，這是個私立小學，不僅注重學科，更注意小朋友的健康。老師們競爭得很厲害，學校當局更是小心翼翼，唯恐出任何差錯。」

「學校規定下午某個時間是吃點心的時間，我們假設是下午三點好了，首先由校方統一準備點心，通常是熱湯之類的甜點，然後由廚師拿到各班教室，交由老師們處理。正常的處理程序是等熱湯稍涼後，再由老師盛給學生食用。學校規定用點心的時間是十分鐘，十分鐘之後就收走，如果學生不想吃或吃不下，老師也不會勉強學生一定要吃完。」

「這個老師太盡責了，說穿了其實是太注重學科、注重分數罷了。她心想，爲了吃點心，先得停下來準備點心，這倒是沒什麼關係，問題是等小朋友吃完點心之後，總是得再花上一些時間，才有辦法集中精神繼續上課。如果能夠把吃點心的時間省下來，也就是說上課當中不要有所停頓，那該有多好呢？」

「妳想到了一個好方法，第一天，廚師剛把點心送到教室時，妳就馬上放下手邊的功課，盛好點心，要小朋友趕快吃，並且告訴小朋友說，學校規定吃點心的時間只有十分鐘，十分鐘之後如果吃不完，會被收走，所以一再的強調，要小朋友趕快吃。想想，如果妳是那些小朋友，你會怎麼樣呢？」

「對了！一定會被熱湯燙到。好，第一天被燙到，第二天也被燙到，第三天還是被燙到，還有第四天嗎？沒有了。最後，每個小朋友都說我不要吃點心。就這樣，妳賺到了十分鐘爲小朋友上課，喔，不只十分鐘。雖然妳是認眞盡責的老師，但是妳卻剝奪了小朋友吃點心的權利。我的故事講完了。妳懂嗎？」

「這個故事我聽得懂，可是妳並沒有告訴我，爲什麼我的喉嚨痛了十幾年都不會好。」

各位，你知道正確的答案是什麼嗎？

派個代表

*未婚生子

她是個長得很不錯的女孩。想知道她的婚姻，不過她很坦白：「我還沒有結婚，但是我有一個兒子，我媽媽在幫忙照顧。」

「妳的婚姻並不好，因爲妳的先生常常會外遇，不管妳嫁誰，大概都會有這種現象發生。如果妳想要保住婚姻的話，必須婚後忍耐個七、八年，才可能破解。也就是說，當妳先生外遇時，只有忍耐。晚景才有辦法改變。」

「妳媽媽是不是常會向妳要錢？兄弟姊妹之中，她是不是最會向妳要錢呢？」

「對！我媽媽同時照顧我哥哥和我的小孩，但是她只會向我要錢……。」

「那就對了！基本上妳媽媽把妳當成搖錢樹了。在過去世裡，妳是妓女，她是老鴇，合法的老鴇與妓女，而妳確實是她的搖錢樹。後來妳想從良了，但老鴇不放人，於是妳偷偷走人，害她損失了不少。在那一世裡，妳因爲職業上的關係，確實害了不少人家，雖然說是男人自己來找妳的，但是大部分時候，的確是妳勾引男人上門來花費。這些男人，如果眞的是被騙，例如妳騙他，說妳很愛他，生活裡不能少了他等等，那麼這些受害男人，就可以派個代表來向妳要債。」

「我再解釋清楚，這些被騙的男人，你該還他們的，如果一個一個單獨計算的話，妳不至於要還這麼多，因爲絕大部分是他們自己上門來的。但是如果把這些人所受到的『騙』統統加起來的話，也許就很可觀了。他們可以推出代表來要總債。當然了，這是報復的一種，被推出來或自願來的代表，爲了報復妳，自己也必須付出代價。什麼代價呢？他得到了『外遇不斷』的評語。而妳自己也嘗到了被別人破壞婚姻、破壞感情的經驗與感受。

所以我才會說，不管你遇到誰，差不多都會有先生外遇不斷的結果。這不是對方的錯，而是妳自己的本命就該如此。」

「我前任的男朋友，也就是孩子的爸爸，就是因爲認識我以後還是外遇不斷，所以我才會和他分手的。」

類似這種例子還有什麼呢？「倒會」好了，如果在過去世裡，你倒了十個人的錢，一個人倒十萬塊，十個人就有一百萬。這時候，老天爺將會怎麼處理呢？

如果這十個人，有人想要親自來向你要債的話，不管有幾個人想報仇，老天爺都得答應，因爲他們是債權人，他們有絕對的優先權。

如果想要債的人，不想親自來報仇的話，那麼老天爺也許會先徵求這幾個人的同意，請他們推派代表來執行，或者是在這幾個人的同意之下，由老天爺想辦法找出代表來進行。老天爺如何找出代表呢？

也許祂會這麼做——先將你變爲女人，再將這幾個人統統變爲男人，只要你碰到當中的一個，祂就會馬上改變這個人的電腦程式，將這幾個人所有的債務，全部移轉到這個人的「命」裡去……。前面的這個因果故事，就是這麼運行的。

*洗衣婦

「我想知道我和我兒子父親的因果。」看出來了嗎？如果有正式的婚姻，那麼對方就會說：「我想知道我和我先生的因果。」

「過去世裡，妳是洗衣婦，就是那種專門替別人洗衣服的婦人。其中有一戶人家，大概有二十多人，他們家大大小小的衣服都是委託妳處理。這個訂單很大，妳很怕失去這麼一個大客戶，四處打聽的結果，妳知道這家人很愛乾淨，只要衣服沒洗乾淨，馬上就會換個洗衣婦。」

「知道了這個訊息之後，妳就去買類似漂白水或清潔劑之類的東西，雖然知道這個東西有毒，但是爲了飯碗，妳還是加了進去。在那一世裡，並沒有造成任何傷害或不適，因此妳就一直爲這家人洗衣服，也一直都添加清潔劑。」

「問題是，妳也知道不應該加清潔劑，所以在因果裡，妳還是錯了。這二十多個人決定推派代表來向妳要債，那就是妳兒子的父親。」

「怪不得妳整天擦來擦去忙個不停，我看妳家已經夠乾淨了，妳還是東擦西擦的擦個不停。老師我告訴妳，妳就不知道她家有多乾淨。」她的朋友在一旁笑著說道。

「沒辦法，我先生一天到晚就說這裡癢那裡癢，老是怪我說是不是家裡沒有打掃乾淨，所以塵蟎一大堆。還有我兒子也是皮膚不太好，這裡抓那裡抓的。」

「大概他們是派了兩個代表來了。」

申請令旗

＊活人令旗

姊妹兩人一起來找我，妹妹先開口：「妳看，我大姊被我姊夫打成這個樣子！」「還好啦！」姊姊馬上接著說道。「什麼還好啦！妳自己說說看，他已經打妳幾次了！妳無所謂，我們做弟妹的看了很不忍。」妹妹一臉氣憤的表情。其實這樣的畫面我看過很多次了，有的甚至於是戴著墨鏡來見我的，只不過這個例子比較特別一點，因爲她們的父母早已過世，沒有娘家的長輩可以撐腰。

「我看到的畫面是包公審案子的那種場面，妳坐在正中間，是審判官，你先生跪在案前，雙手的手指頭還被刑具夾住。我知道了，他是犯人，被幾個類似警察的人逼供，喔，應該說是被捕快刑求。對不起！祂們說，他不是犯人，他是被冤枉的，可是審判官被收買了，於是嫁禍給這個人。最後，犯人不但被刑求，還被判了死罪，受冤枉的人非常氣憤，當場咬舌自盡。」

「比較糟糕的是，他死了之後，到老天爺那兒申請到了黑令旗，一般來說，如果有了黑令旗，他可以親自來報仇，所有的菩薩都不能加以干涉。大部分申請到黑令旗的，都是用陰靈的方式來討債，也就是說大部分都沒有肉體之身。像妳先生這樣直接帶著黑令旗來轉世報仇的，眞的很特別。所以我根本就幫不了妳，如果我幫了妳，反而變成是我觸犯天條，我一定會有罪的。」

「那怎麼辦呢？昨天他們兩人打到連警察都上門來了……」妹妹說。「可是，據我了解，這根本就沒用，因爲他在過去世裡，就是被司法人員或者說是被警察欺負的人，所以這一世裡，警察根本辦不了他。除了這點以外，我還擔心他會自殺，因爲在那一世裡，他就是咬舌自盡的人。」

「他常常會自殘沒有錯，一下子拿刀子恐嚇我們說他要自殺，一下子說要開瓦斯，一下子說他要撞牆壁。」

「那就不要管他，因爲他要報仇的人是妳這個做太太的。」

「可是不能不管，因爲他眞的會自殘，也眞的開過瓦斯，反正喝起酒來就歇斯底里的，罵人、打人，樣樣都來。」

「還有你們要注意一點的是，在那一世裡，警察剛好和他作對，所以在這一世裡，只要一講到警察，他就會火大，這一點你們眞的要特別小心。」

「喔！難怪！你知道嗎？他和我公公講話時，可以講到讓我公公氣得猛捶胸，可是對我婆婆就不會這樣，對小嬸也不會。」

「這又有什麼關係呢？」

「你不知道，我先生他們家三代都是警察，我公公，兩個小叔，還有小叔的小孩，一共四個人都是警察。他對這幾個人眞的都是惡言相向。」

類似這種案例，一個活生生的人（這位女士的先生）擁有黑令旗，直接來找活人報復的，這麼多年來我只碰過三次。

＊死人令旗

「這是我弟弟的名字。」

「妳想知道什麼呢？」

「都可以。」

如果在平時，我一定不會回答，可是現在是在「做實驗」，而且還全程錄影、錄音，我不能耍個性，因爲醫生們想知道兩個通靈人，有沒有辦法針對同一個案例，調到相同的因果畫面或接收到相同的因果訊息。

可惜的是，似乎我這種人和「電」很過意不去，常在我身邊的人就能體會得到。家中的電腦常因我當機，只好請兒子修理，兒子的第一句話是這樣的：「媽！拜託妳離電腦遠一點好不好！」我常坐的位子上方的電燈也一定是最容易壞的。就連在八大電視台錄製「于美人放電」的節目時，攝影棚上方的電燈也莫名其妙的自動轉了起來。在高雄凱旋醫院做實驗時，錄音、錄影的帶子也出了問題……。害得我到了榮民總醫院做實驗時，必須一再的說明：「對不起！如果儀器弄壞了，我可不負責。」

「無路！」我的眼前出現了這兩個字，我也順口說了出來。

「什麼叫做無路？」

「無路應該就是指不順。」

「那一方面不順呢？」

「既然無路了，那應該是各方面都不順了，譬如事業、身體、婚姻等都會出問題了。」

「那跟過去世有什麼關係呢？」

我看到的只有一個靜止的畫面，可是故事卻好長。畫面是一個大鍋子，就像是麵攤在煮麵用的那種不鏽鋼大鍋子。我看到一個男人用長長的杓子，盛起湯圓放在碗裡，他的身邊站了幾個人。畫面就只有這樣子，各位不妨看圖學說故事吧！

「我們假設妳弟弟是漢奸，爲日本人做事。有一天，日本人對他說，他們想要佔領他居住的村落，於是就告訴妳弟弟說，希望他把鄉民騙出村外，好讓日本人不費一槍一彈，就可輕易佔領。可是這個漢奸想，如果只是把鄉民騙出村外，事後他們也會知道是他做的好事，倒不如一不做二不休，煮些湯圓請鄉民們吃，只要在湯圓裡下毒就好了。」

「也就是說，在那一世裡，你弟弟爲了利益而惡意毒死鄉民。這些鄉民總共有三十多個，他們一起到老天爺那兒申請黑令旗，每個人都可以親自來要債。一世還一個，到這一世爲止，他已經還了十七、八個了，不過還有十多個沒有還。而這些還沒有還淸的，又可以用陰靈的方式來跟著他、纏著他。有那麼多的陰靈來纏著他，妳想他怎麼可能會順心呢？」

「也難怪老天爺會一人發一面黑令旗，妳想想，漢奸本身就是一個錯誤，再來日本人也沒有叫他把鄉民害死，這是第二個錯誤，第三個錯誤則是，他利用鄉民對他的信任而害死了大家。他這麼做，眞的非常殘忍。」

「我知道！因爲有好多師父都告訴我們，我弟弟的後面跟了一大堆冤親債主。既然是冤親債主，那麼只要找師父替他們超渡不就好了。」

「沒有用的！既然他們申請到黑令旗，那麼所有的菩薩都不能動手幫妳弟弟的忙，那一個菩薩幫忙，那一個菩薩就得遭殃。就算我有本事幫妳弟弟的忙，我也不敢做，因爲做了之後，我自己一定會出問題。」

「我們找過很多師父幫忙，但是說也奇怪，眞的有很多師父都出了問題，有的是當場做法事時，就出狀況，有的是……。」

她這一番話，讓在場監看的三位精神科醫師也開了眼界。

事後和這位女士閒聊，才知道他弟弟的家庭、事業、身體眞的都出了問題。當然故事一定不只這些，因爲我們還必須知道其他的因果關係，才能夠明白爲什麼在這一世中，這些好心的兄弟姊妹都要來幫他這麼大的忙。

殃及其他

＊大陸妹

「我想知道我父親和我小弟、小弟媳婦有什麼因果嗎？」

「關妳什麼事呢？妳都已經嫁人那麼多年了，管那麼多幹什麼？」

「可是他們的問題眞的很大，困擾到我們一家人。」

故事是：有一家子乞丐，由乞丐爸爸帶頭，媽媽抱著小嬰兒，旁邊還坐了好幾個小乞丐，因爲乞丐一家人多，所以丟在他們面前碗公裡的錢也特別多。突然來了一個搶匪，一彎身，就把碗公搶走了，害得乞丐一家人餓了好幾天的肚子，甚至於還死了一個小孩。

「那個乞丐爸爸就是你弟媳婦，那個搶匪就是你弟弟，如果這麼解釋的話，那你弟弟欠你弟媳婦的可就多了，因爲他欠的不只是一個乞丐爸爸而已，其他受害的家人，也都成了你弟弟的債權人，所以在這一世，你弟弟就有可能會欠到弟媳婦的家人。不過，這並不是說，你弟媳婦這一世的家人，就是乞丐那一世的家人。只不過因爲家人連帶受到了影響，所以到了這一世，你弟弟自然而然的就會去關心她背後所牽扯出來的家人。這應該是欠錢又欠命。」

「另外一世裡，我看到你父親剛好是你弟弟和弟媳婦的爸爸，不過這個爸爸卻帶著兩個小孩子投河自盡。不要以爲孩子們還小，父母就可以決定他們的生死，對不起！沒有這回事，爸爸的命歸爸爸，孩子的命歸孩子，做爸爸的，沒有權利決定孩子們的生與死，孩子並不是大人的附屬品。每一個生命，不管是大是小，都是單獨的個體，都是老天爺的稀世珍品。」

「所以，如果以他們三個人的這一世來討論的話，那麼很明顯的，你父親就欠了你小弟和小弟媳婦。」

「難怪了！我那小弟媳婦是大陸人，只要她回去就會帶著一張密密痲痲的清單回來，寫的全都是下次回大陸時她要送人的東西，偏偏我小弟也都會幫她整理得好好的。而我爸爸更是奇怪，對我和大弟說，他的財產都要留給小弟和他老婆，我們兩個都不能計較、不能吵、不能要。」

＊派出所

他是個已過七十歲的男士，滿頭白髮配上中等的身材，不過說起話來很直爽，非常有力道，開朗得很，沒什麼距離感，給人很隨和、易與人親近的感覺。

「我也不知道該問些什麼問題，你就看看能夠給我一些什麼樣的建議。」

「你這麼說倒是把我考倒了，我沒有他心通，不知道你心裡頭眞正想要知道的是什麼，那我就看看祂們能不能調一些影響你這一世的資料，讓你作參考。」後來我才「發現」，祂們也很有原則，除非想印證些什麼讓我見識見識，祂們不會接受這種問題。

爲什麼我要說「發現」而不說「知道」呢？因爲在第三本書《茉莉花的女兒》出版時，祂們就很嚴肅的對我說：「孩子！我們要放手了，以後你就一個人單飛。」這之後，快樂時，沒有「人」來與我分享，難過的時候，也沒有「人」會來安慰我、與我作伴。祂們不再告訴我什麼了，只是讓我自己去感覺、去深思、去體會，也許祂們認爲這種「自我訓練」之後，所能夠體悟到的見解，才會銘記在心，才會是屬於我自己的。

所以，以前的我，故事說完就忘得差不多，腦袋也放得空空的，可是現在就不太一樣了。如果碰到比較特殊的案例，問事者走了之後，我自己就會「想」很久。想想，這個案例應該是屬於基本運作模式的那一類型呢？如果它不能套用這個模式，那麼問題到底是出在哪裡呢？我的運作模式需不需要修改呢……。

原來，「單飛」的意思是——目的地也許一直不變，但是前往目的地的方法或道路有很多種，在種種的過程中，也有著許許多多不同的障礙，自己得學會如何調整路線，並且學會爲自己的所思所作所爲，負完全的責任。

也有很多人這麼問：「沒什麼關係啦，我只是想知道菩薩能給我什麼樣的建議。」可是祂們的回答通常是這樣：「連你自己都不知道自己有什麼問題，那我怎麼會知道呢？你都不知道自己有什麼優、缺點，那還有什麼好問的呢？要有一點點的自知之明，起碼也應該知道自己想要什麼，想做些什麼，我才可以給你一些建議，否則，我叫你去殺人，你會聽我的話嗎？你會去做嗎？不要那麼迷信，總該有點自我吧！學會獨立思考是很重要的。」

二〇〇二年十二月底，有個朋友帶我到一間專業的「頭部按摩」享受一番。老闆和小姐都說了同樣的一句話：「妳的頭殼好硬，摸起來都沒有軟軟肉肉的感覺，而且好像都沒有接縫似的。妳的頭跟妳的身材相比，似乎頭比較大了一點，而且還長得非常圓，前額的頭骨也很硬，好像是鈣質很多。」看來，獨立思考的結果就是——頭殼硬硬。

「哈哈！你是不是和警察很熟呢？還是你曾經當過警察？」

「我不是警察，不過我有好多朋友都是警察，我和他們都很熟，例如……。」他說出了幾個滿有名的警察名字。

「你在某一世裡，曾經是警察，應該說是捕快吧！有一天晚上輪到你值夜，那一夜，風勢很大，當你在熄滅油燈的時候，突然一陣狂風……。結果，整個衙門燒了起來，不但房子毀了，連一些睡覺中的夥伴也來不及逃生。當時，你不是故意的，只是那一陣強風害得……。你非常難過，覺得是自己害死了同伴，但是法官並沒有判你刑罰，爲此，你更加過意不去。」

「到了這一世，你自然而然的就會對警察很有好感，感覺就像是你的家人一樣，你會情不自禁的想幫助他們，因爲潛意識的你，覺得自己虧欠警察好多好多。」

「對！我幫了好多警察的忙！例如……。」

「不過，你要注意一下，如果這個因果故事正確的話，那麼你不只是欠當時的捕快同事而已，你還得要還公家的債，因爲衙門也在那場大火中燒毀了。」

「哈哈！這就對了！我眞的有欠公家！」「你怎麼會這麼說呢？」換成是我一頭霧水了。

「你知道嗎？某某派出所，本來非常老舊、破爛，可是公家的經費也很有限，土地取得也進行得不順利，因此雖然說要改建，卻拖了好幾年，沒有進展。我覺得這樣很不好，於是就爲他們到民間機構去募款，籌措所有必要的基金，然後還幫他們處理土地的徵收問題，還……。結果，新的派出所大樓就這樣在我的幫忙之下重建好了。」

因果圖（一）

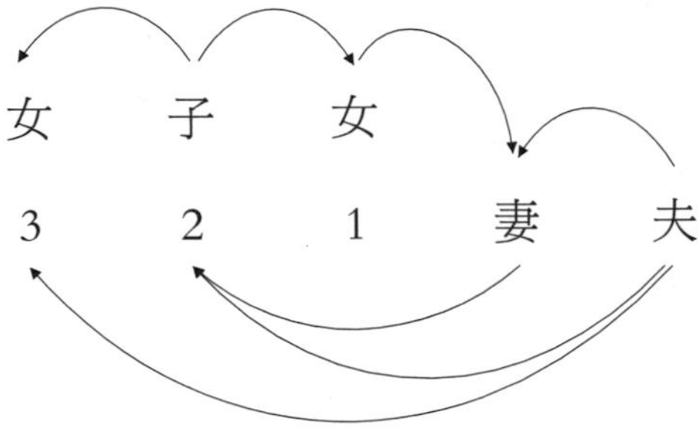

圖一

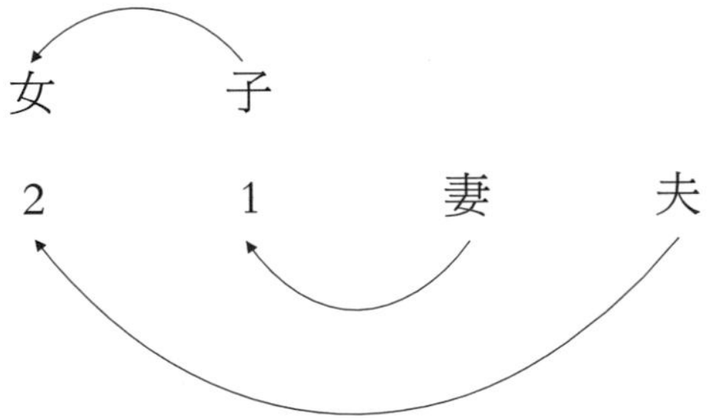

圖二

通常有人來找我算命時，如果對方是爲人父母者，我總是會先問他有幾個小孩，然後就在白報紙上，如右圖那樣寫著：夫、妻、1、2、3……，再問他小孩子當中那幾個是男的？那幾個是女的？再在1、2、3、……上面寫上子、女。是男？還是女？這個我算不出來，剛通靈時，我連男女都不問，就直接算了，但是後來發現一般人大部分都是重男輕女，所以我學乖了，男孩子也許我就會多講一些。

在沒有住址，沒有姓名，更沒有八字等資料的情況下，我馬上在紙上每個人的代號之下，用筆寫下這一個人個性的特徵，例如：看錢很重，個性女人化，懶散，個性拘謹，凡事不在乎，神經質，出手大方，樂天派等等，然後我會問來者我寫的這些特徵對不對，如果對的話，我就會繼續算下去。如果有差錯的話，我也會很自在地說：「對不起！那你就不要相信我了。」這個時候通常對方會說：「沒關係，你就繼續講下去嘛！」我也一定會接著說：「如果連個性都算不準，那表示祂們調錯人了，就算我繼續通下去，也不會是對的資料。對不起，我不想誤了別人，所以很抱歉，我不會再講下去了。」就這樣，結束了。

很酷吧！我的態度眞的就是這樣。當我要爲人服務時，我會事先排定那幾天那幾個時段我有空，於是接受電話預約，不管是任何人，只要你能排得到時段，那我就一定會準時爲你服務，每個人半個鐘頭。這就是我所謂的「能進得門來的，就是有緣。」常鬧的一個笑話就是，有人在電話那頭拚命說：「陳太太，我是朋友介紹的，那個朋友說他給你算了好多次，你一定認得他，拜託嘛，就讓我多插一個名額嘛！」

各位猜猜我怎麼回答的：「我從來不留別人的資料，除非我看到人，不然我根本就不知道你指的是那一個人，而且我排的時間是一個接一個的，根本沒有辦法再插一個人進來，很抱歉，大家都一樣！」

有一點比較耐人尋味的，如果我寫的個性就是來者本人，而偏偏內容又不是很好看，例如：勢利，眼高手低，懷疑心重，不滿現狀等，對方總是想了很久，幽幽地說：「好像不太對。」這個時候，如果有家人或朋友同來，我就會問這些人，他們也眞是合作，總是會很不給面子地點點頭或乾脆插話進來：「你本來就是這個樣子的，只是你自己不知道而已，我們都不好意思跟你說。」

萬一只有他自己一個人來，或者旁邊的人表情不太自然時，那簡單，我會繼續算下去，我一定可以從接下去的談話中找出他的本性，然後一語道破：「你看，你對這件事的看法，是不是就是我剛剛說的你太小氣了，太勢利眼了，你必須要勇敢地面對自己的個性，承認自己的不對，如果有不好的就要改，不改的話，你就永遠也改變不了你的命運，任誰也幫不了你的忙。」修行就是要修正自己的行爲，不是嗎？所以，當我算命的時候，安慰別人，恭維別人的畫面實在是不多見。也因爲基於這個原因，我比較喜歡面對面地當場算命，不但可以觀察別人的小動作，又可以訓練自己的反應，最重要的我可以從祂們那兒學到如何與人對話，如何適時的轉變話題，如何試著去勸導一個人改變他的思想。很多人對著我說以下的這一段話：「陳太太，我實在很想讓你算命，和你聊聊，可是又很害怕會被你罵。」我會笑嘻嘻地回答他：「謝謝你，那我就省事了，也謝謝你把機會讓給別人。」

來，我們接下去聊，個性認同了，我就開始畫弧線畫箭頭了，譬如圖一，由夫畫向妻，代表在因果的關係中，是丈夫欠妻子，由長女畫向妻，表示長女欠媽媽……，其餘依此類推。這個「欠」字有待進一步的說明，這些箭頭所指的是過去世某些事情的發生造成雙方類似「欠債」與「報恩」或者是「債權人」與「債務人」的關係。例如剛剛那兩個例子，就可以比喻成妻子是債權人，丈夫是債務人；長女是債務人，媽媽是債權人。如果當時發生的事，是好事，那麼就變成來報恩的，是壞事，那自然就變成是來要債了。

再說清楚一些，圖中由夫畫向妻的夫妻因果關係中，假設在因果故事發生的那一世是朋友甲與乙的關係，夫是甲，妻是乙，結果甲殺了乙，當然甲自然就會欠乙了，到了這一世也就成了丈夫欠妻子了。如果甲懺悔有心要改過，那麼這一世裡的先生，也許對外人很霸道、很兇，但是就偏偏聽老婆的、疼老婆。至於妻子這一方面呢？也許就會對先生有一股莫名的恨意，可是偏偏先生又對她那麼好，不知因果的世間人還會罵她：「眞是人在福中不知福。」如果處於欠債立場的甲，卻又無心償還這個債務，那麼到了這一世，可能就會變成先生表面上很怕妻子，私底下卻又很不服氣，可是卻又無可奈何。這對夫妻的關係，外人的看法也許就會認爲太太很跋扈，害得先生不得不從，可是先生卻又服從地心不甘情不願的，自然而然就會以爲這個太太實在是很不明理。

再從媽媽與長女的因果關係來舉例，也許在某一世裡母女的關係是職員與老闆的關係，媽媽是職員，女兒是老闆，公司發生了虧損面臨倒閉的下場，這個職員想盡辦法，幫忙老闆度過難關，事後卻又不求回報。這一世裡，他們重逢了，各位，不用我多說，一定可以想像得出大女兒對媽媽的態度會是如何了。這麼多的箭頭指的就是這一類的因果故事，很複雜吧！所以光是一家人就不知道會有多少個故事可以編成劇本的。以前我的生活相當單純，總以爲電視上演的是誇張不實的劇情，等到自己通靈了才發現，現實生活中的劇本比電視上演的精彩多了。

再來看一看圖二，也許您會發現夫與妻之間，並沒有因爲彼此有因果的關係而來轉世，卻是經由子女的因果關係把他倆給湊在一起了。這種本身沒有因果關係相牽連的夫妻，如果沒有好好經營他們的婚姻，那麼就有可能是淸淡如水，談不上什麼愛情，換句話說，就是兩個人之間缺少了感情的基礎。但是凡事一體必有兩面，往好的方面想，其實也是不錯的，因爲這種夫妻通常彼此不會互相束縛，彼此都可以各自發展。所以到底是「相敬如賓」還是「相敬如冰」就只好各憑本事了。（不妨想一想，萬一處理不當，有了閃失，那麼下輩子又該怎麼辦呢？）

由這兩個因果圖的舉例說明，我們大略可以了解到一些因果的基本事項：

1.不只是一家人才會有因果的關係存在，身邊較有往來的朋友多半都曾經「認識過」、「相處過」。當因果關係出現的時候，雙方當事人的個性，也將隨過去世的因果而對於對方有不同於他人的反應。

2.不要以爲因果就一定指的是上一世，也許夫妻因果是前二世，妻女的因果是前十世，這個重要嗎？第幾世又有何影響呢？重要的是都被安排在這一世來報到。而因果關係的進行，並不一定是一出生就開始了，往往是必須等到相關的年紀或者是相類似的事件重演時，才會眞正進入債權人與債務人的關係。（同樣的，因果關係的結束，也許只是幾年就扯平了，也許要還一輩子，也許要進行好幾世才能告一個段落。）

3.不要以爲一定在台灣，也許以前的因果故事是發生在英國，發生在印尼……等，再說那也就未必一定是信佛教了，所以有人說「不信某某教，就不能進天堂」有理嗎？看倌們，想一想，似乎只有「因果論」這個觀念才能夠完全適用於有人類的地方。（也許其他的動物也適用只是我不知道。）

4.有因就有果，永恆不變。不要以爲只有行動才算數，就連起心動念都會自動列入「黑盒子」裡。舉個例，搶劫銀行，我們會說是做壞事，但是如果時機不對，放棄搶劫，老天爺仍是會認定這是壞事，因爲搶劫之前必先策劃，有策劃之前一定是先有此構想。對了！從有這個想法、有這個念頭開始，黑盒子，就已經開始工作了。

5.可千萬別把每一件事都推給因果。就像圖二裡的夫妻，不就是沒有因果的關係嗎？就像是在玩數字遊戲一樣，加加減減，因果總有歸零的時候，也一定有再從零出發的時候。

6.到底是什麼樣的一個高科技超級電腦能夠安排這麼多人的命運呢？那麼又是誰根據因

果的基本原則——公開、公平、公正——而設計這個電腦程式呢？最重要的是哪一位大人物有權利來執行這個程式呢？

7.再想想，難道我們就這樣變成了祂們的玩具嗎？我們就絲毫沒有翻身的機會嗎？難道我們就不能做自己的主人嗎？爲什麼我們就不能自己選擇父母，自己選擇子女呢？爲什麼就一定得對老天爺的分配照單全收呢？

8.所謂的「禍延子孫」，我倒是不太認同，如果眞是這樣，那麼祂們實在是太不厚道，太差勁了。我想，祂們是特別小心、特別謹愼地故意安排一部分的人，讓這些人湊在一起，讓世人藉此警惕自己，爲了兒孫，爲了下一代，不要做壞事。上一代的人也不能因爲我這麼一說就亂來了，就算不爲下一代著想，也總該爲自己的下一世舖點路吧！爲什麼？如果在這一世裡，上一代的並沒有認眞的做個好榜樣，加加減減之後，變成了上一代的欠下一代的，那麼風水輪流轉，到了下一世，另一齣好戲的劇本也早已編好了。

9.如果不是因果的關係，那麼爲什麼同父母所生的兒女，爲什麼父母會有偏心的對象？而兒女也對父母各有不同的認同度呢？會是名字的不同嗎？還是八字不同的關係呢？還是……。遺傳學家能爲我們找出一個滿意的答案嗎？ＤＮＡ的研究可以爲這個疑問下個結論嗎？

10.我的經驗統計出來的結果是以十六歲做爲劃分責任的基準。十六歲以後自己做的因自己嘗果，十六歲以前，撫養他的人教育他的人，負有連帶責任。這倒是一個警訊，給現代的父母師長一個很大的思考空間。我常常告訴來找我的人，如果你要生孩子，那麼生了就要養，就要教，不是生來玩的。也可以轉過來說，生就是因，養與教就是果，如果不想嘗果，那麼就不要造因。這個責任的劃分可以接受嗎？就算你不接受，當懷孕的那一刹那開始，黑盒子就已經運轉了。

如今社會上青少年的問題這麼的多，家長、老師、還有所有的社會人士們都該加油了！不要就只是會在嘴巴上互相把責任推來推去。如果說，在家裡就已經是個問題小孩，那麼到了學校，到了社會，問題只會更加嚴重，更加複雜而已。請問這到底是誰的責任呢？就像一些從事不良行業的人士，如果您不爲別人的小孩著想，也總該換個角度想一想自己的孩子吧！我相信沒有一個父母是眞心希望自己的小孩被別人設計、被別人陷害的。

因果圖（二）

附圖一

	二	三	四	五	六	七	八	九	十	十一	十二
1	1子女	1配偶	1父母	1身體	1職業						
2		2子女	2配偶	2父母	2身體	2職業					
3			3子女	3配偶	3父母	3身體	3職業				
4				4子女	4配偶	4父母	4身體	4職業			
5					5子女	5配偶	5父母	5身體	5職業		
6						6子女	6配偶	6父母	6身體	6職業	
7							7子女	7配偶	7父母	7身體	7職業
8								8子女	8配偶	8父母	8身體
9									9子女	9配偶	9父母

附圖 二

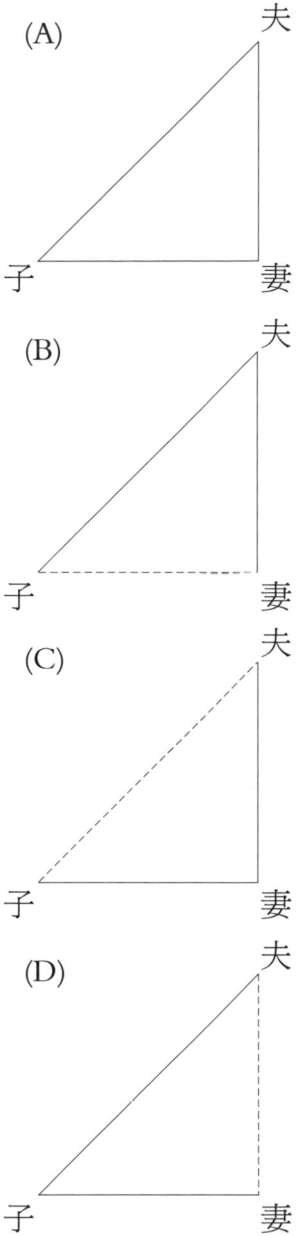

附圖 三

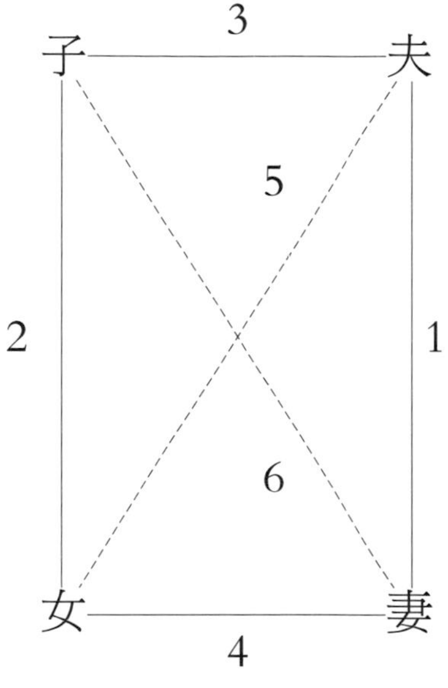

因果的觀念

常有人這麼問：「我上一世是做什麼的？」碰到這種人，唉！也眞是的！又得花時間慢慢解釋：「你想要問什麼呢？不是這一世的命運，都是受到上一世的影響。這一世婚姻的果報，也許是受到前一世某一個因的影響；這一世身體的果報，也許是受到前三世某一個因的影響；這一世職業的果報，也許……。所以你一定要清楚的告訴我，你想知道的，到底是關於那一方面的問題。」

因果關係圖

請看附圖一，橫排的部分，從二到十二，是代表尚未發生的未來世；直排的部分，從1到9的阿拉伯數字，代表的就是第「幾」世，已經發生過的債權債務事實（例如欠債還債，感恩報恩），或是老天爺本著慈悲與智慧立場，希望當事人再來轉世的事實或原因（例如學習、考試、服務）。

假設因果法則規定，每一世死亡之後，各取五件有關債權債務的事實或是必須再來轉世的原因，以作爲未來世子女、配偶、父母、身體與職業的因果基準。欠債最重（必須還債最多的）的那一件事實，就當成是未來世與某一個子女關係的基準；其次，欠第二重的那件事實，就當成是未來世與配偶關係的基準，欠第三重的……，依此類推。

假設現在是第⑴世結束，基於「先苦後甘」的運作模式（先處理債務，再處理債權），於是就把在第⑴世裡，債務第一重（最重）的事實，排在下一世處理，當成是和「子女」相處的因果依據，也就是說，把它排在第二世，希望能夠馬上處理。再把債務第二重的事實，排在下兩世處理，當成是和「配偶」相處的因果依據，也就是說，把它排在第三世處理。再把第三重，當成是和「父母」相處的因果依據，排在第四世處理。至於有關於「身體」方面的因果依據，排在第五世處理。有關於「職業」方面的因果依據，排在第六世處理。當然了，並不是每一世只可以挑出五件事實處理，只要是牽涉到債權債務，或是有必要爲此再來轉世一次的話，那麼都必須提列出來加以判斷、分類處理。有時候是「欠債還債」裡的債權債務關係，有時候是「有恩報恩」裡的債權債務關係，有時候是「學習」、「考試」、「服務」……等。總之，不管債權債務的事實有多少，都必須秉持「債權人有絕對的優先權」之原則，在未來世一一處理完畢。

同樣的，到了第⑵世結束的時候，如果也發生了五件「必須藉由轉世才可以處理」的事實，那麼就把它分別提報到第三世、第四世、第五世、第六世和第七世處理。如果每一世都是根據這樣的模式進行，那麼請看，到了第七世的時候，我們就可以清清楚楚的知道，如果當事者想要知道他和子女的因果關係，那麼我就得從他的第⑹世調資料（當時的前一世）；如果當事者想要知道他和父母的因果關係，那麼我就得從他的第⑷世調資料（當時的前三世）；如果當事者……，依此類推。（請看橫排七——2職業，3身體，4父母，5配偶，6子女）

再請看附圖二，假設一家三口夫妻子三個人，如果夫與妻，夫與子，妻與子，三個人彼此之間，在過去世都有因果關係存在，那麼他們三人之間的因果關係圖，就如A圖所示，實線的部分，代表過去世有因果關係（有因果故事可說，但未必就有債權債務發生，例如彼此之間，是因為學習、考試或服務的目的而來轉世）存在。如果只有夫與妻，夫與子，在過去世有因果關係存在，而妻與子，在過去世並沒有因果關係存在，那麼三人之間的因果關係圖，就如B圖所示，圖中虛線的部分，就表示在過去世裡，並沒有因果關係的存在。

同理，如果只有妻與子和夫與妻有因果關係，那麼他們之間的因果關係圖就是C。如果只有夫與子和妻與子有因果關係，那麼他們之間的因果關係圖就是D。

一家人的因果關係圖，必須要能夠「牽一髮而動全身」，也就是說，如果一條實線可以拉起兩端的人，那麼經由這兩個人或其中的某一個人，又可以牽動另一條實線，再拉起其他的人，經由其他的人，又可以牽動另一條實線……，最後，全家人都被拉起來了。所以，一家人的因果關係，必須像這樣「牽一髮而動全身」才算完整。

好！再回頭看看附圖二，如果我們把四個圖中的虛線部分，統統擦掉，是不是還一樣可以「牽一髮而動全身」呢？四個圖都可以吧！所以下次如果你來找我，問我：「我想知道我和我媽媽的因果關係。」「我想知道我和我先生的因果關係。」當我回答你說：「對不起！你和媽媽之間並沒有關係。」「妳和先生沒有因果關係。」不要覺得很不可思議。

再來研究附圖三，如果一家四口，那麼「至少」要有幾條實線，才可以「牽一髮而動全身」呢？三條！哪三條呢？一二三四五六，這六條線中，隨便哪三條都可以成立，如果如圖所示一二三四，四條實線，可以不可以呢？當然可以！這時候，五六兩條虛線，就代表夫與女，妻與子，在過去世的時候，他們這兩組之間，並沒有因果關係存在。

重點是什麼呢？從附圖二與附圖三當中，我們可以清楚知道：所有的實線是代表兩個人之間的相處是──「過去世的因，這一世的果」；所有的虛線是代表兩個人之間的相處是──「這一世的因，未來世的果」。結論又是什麼呢？「請珍惜人與人之間相處的情緣」，因為你永遠無法得知，這一世的相會到底是因還是果？

就算我會通靈，我也會有出差錯的時候，再說，你也絕對沒有辦法去證明我所說的一切。也有人會繼續追究下去，那麼長遠的歷史中，我和對方從來都沒有碰過面嗎？也許吧！是有可能從來都沒有碰過一次面，就算碰了面，也許也沒有發生什麼大不了的事，所以也就「留白」了。

就算曾經「碰過面」，也曾經有債權債務的關係「存在過」，但是根據「先進先出」法的運作模式，如果債權債務之間的關係已經「借貸沖銷」完畢（欠債要還債，感恩要報恩），那麼也許就會「歸檔」，沒有必要一直占著位置吧。既然歸檔了，那麼在我的資料庫裡，就是「留白」。

＊天職

問：我想知道我和我先生的因果關係。

答：對不起！妳和先生在過去世裡並沒有因果關係。

問：怎麼可能會沒有關係呢？

答：當然有可能！一家人之中，並不是每個人彼此之間都有著因果關係的存在，有的可能是過去世的「因」，這一世的「果」，有的則是這一世才開始的「因」，至於它的果報，在未來世才會出現。

問：那我改問我和女兒的關係好了。

答：哈哈！原來妳和先生的關係，是路人甲和路人乙。我看到一個城門，有一個女人空手從城門內走出來，另有一個女人，擔著一籃青菜，正要入城。喔！我知道了，原來在過去世裡，妳生了一個小孩，但是妳不想養她，於是趁天還未亮的時候，把小孩抱進城，偷偷放在市場內，希望會有好心的人士，把她帶回家養大。另外那個擔著一籃青菜的女人，就是在市場賣菜的，從那一天開始，小女孩就在她的悉心照料下長大了。

我看到的鏡頭，就是這兩個女人經過城門，擦身而過的畫面。所以，妳是欠妳女兒的，因爲妳這個做媽媽的，遺棄了她，沒有盡到做母親的「天職」。另外，我要提醒妳，當妳把女兒辛苦養大的時候，她自然就會跑去報爸爸的恩情，因爲，在過去世裡，是爸爸一手把她撫養長大的。

因果故事的研析

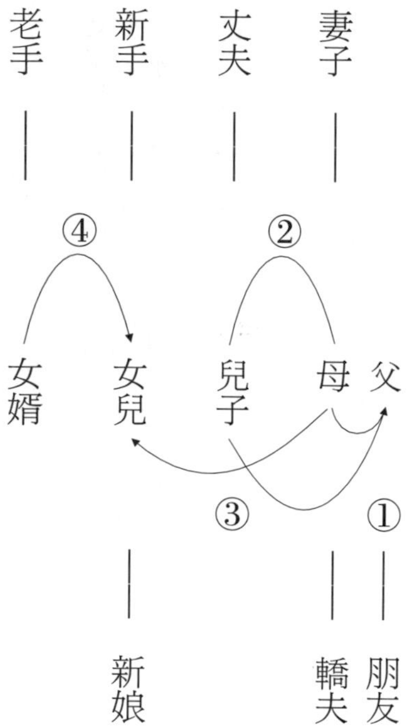

現場：母女同來，問父母之間、母女之間的因果。

過去世的因果故事

⑴父與兒子：朋友關係。

⑵母與兒子：夫妻關係。母是妻子，兒子是丈夫，與⑴發生在同一世的因果故事，在那一世裡，父爲兒子的一個朋友。過去世夫妻兩人共同惡意倒債詐財，妻子把這一倒債事件的責任推卸給丈夫的某一個友人（即這一世的父親）。這是惡意的犯罪行爲，要償還的因果債很大。

⑶母與女兒：爲花轎轎夫與新娘的關係。母是花轎轎夫，女兒是新娘。因雨後路滑，轎夫一時不愼滑倒，結果害得坐在花轎裡的新娘被摔到路旁的集糞池裡而溺斃。這是個料想不到的意外，所以要償還的因果債並不是很大。

⑷女兒與女婿：爲登山嚮導老手與登山新手的關係。女兒是新手，女婿是老手。老手帶新手去爬山，新手心生害怕，一路提心吊膽。走到一危險處，左邊是山壁右邊是萬丈懸崖，走在後頭的老手突然用手一拍前面新手的肩膀，新手一時緊張，心慌之際往右邊的懸崖掉了下去。這也是個意外，但是嚮導老手忽略了新手的緊張心態，這是嚮導該有的職業責任，是

屬於該注意而沒有注意的錯誤行爲。這個因果比⑶的因果大，但比⑴、⑵的因果小。

這一世可能的輪迴結果

（一）因爲⑴、⑵的關係。

我的假設——父親名下的財產無法傳承給兒子。

事實眞相——母親責怪父親投資不當，他名下的房子一再的抵押貸款，一再的被拍賣。

我的建議——不要一再責怪父親投資不當，應該趕快把房子賣掉清償銀行貸款，減輕心理壓力，反正房子遲早都是保不住的。

（二）因爲⑶、⑷的關係。

我的假設——女兒平日非常膽小，沒有安全感，對生命有一種無力無常感。

事實眞相——女兒婚後不敢懷孕生小孩，因爲害怕會失去小孩，巧的是先生也接受太太的看法，不勉強太太生小孩。

我的建議——如果不生也就不勉強，但如果想生也不用害怕，因爲夫妻兩人並沒有傷害到別人，對自己要有相當的心理建設之後再懷孕。

個性是怎麼形成的呢？

剛出版第一本書《如來的小百合》的時候，我寫了這一段話——「過去世中，每一個人所學所做的，所累積的才能，尤其是特有的專長項目，在轉世的過程中，就變成了來生的天賦潛能。」我還舉了一個舞蹈家的例子。在這一部分，我所強調的是「學習」的重要性，我還提醒大家——「累積越多世和越接近這一世的經驗，那種印象會越深刻。」甚至在之後的著作中，我也提到了改變個性的重要性。我常說：「如果你想要改變你的命運，就要從改變你的個性著手起。」經驗是累世累積來的，而此生此世的個性又是如何形成的呢？

假設現在是晚上十二點，我問你：「今天一整天，你做了些什麼事呢？」不用多想，你一定可以馬上就回答我的問題，「我今天……。」

我再問你：「昨天一整天，你又做了些什麼事呢？」「嗯，我想一下，喔！我昨天……。」還好啦！只不過想了幾秒鐘就可以作答了。

我又問你了：「前天一整天，你到底做了些什麼事呢？」「嗯，讓我好好的想想看，前天是幾號呢？是星期幾呢？喔！我想起來了，我前天……。」還不錯啦！被你想起來了，還是照樣可以作答。

我不死心又問了：「那你告訴我，一個星期前的今天，你一整天做了些什麼事呢？」「啊！少來了！那麼多天前的事，誰會記得那麼多，不要沒事找事做，那麼無聊幹什麼呢？」我可一點都不無聊，君不見，警察辦案時，不都是要嫌疑犯「交代清楚」事發當天的行蹤嗎？交代完後，警察們還得一一去查證。多累人的事！

我又開口了，這次我很識相：「我想送你禮物，你能不能告訴我，你生日是哪一天呢？結婚紀念日又是哪一天呢？你結婚那一天，有沒有下雨呢？來參加喜宴的客人多不多呢？有沒有發生什麼比較有趣的事呢？」我的問題可多了，而且還是很久很久以前的事，可是你話匣子一開，就不可收拾。因爲這幾個問題，只要是記憶力還存在，大部分的人大概都不會忘記。至於結婚當天所有的點點滴滴，雖然時間過了那麼久，但是你還記得清清楚楚。

這不打緊，你還告訴我，你太太生兒子那天的情形，你還告訴我，前幾年你和太太兩人吵架吵得差點要離婚，爲的就只是她懷疑你有外遇……。

這是怎麼搞的呢？幾年前的事，記得一清二楚，才一個星期前的事，卻全忘光了。「特別的禮物，留給特別的你」，這是天上掉下來的禮物，老天爺很公平，每個人都有。有那麼一個特別的空間，專門留給特別的日子和特別的人事物。

假設有一個剛剛才出生轉世來爲人的「女娃娃」，她的名字叫做「王小媚」，這個王小媚的個性會是如何呢？老天爺到底憑什麼樣的法律基礎，來決定王小媚此生此世的個性呢？我這麼說明好了，假設王小媚在這一世裡的個性是「總和」，前第一世的個性是「甲」，前第二世的個性是「乙」，前第三世的個性是「丙」，前第四世的個性是「丁」。那麼就有一個決定個性的公式如下：

總和等於＝甲×35％＋乙×25％＋丙×15％＋丁×5％＋其他。

這個其他，佔了總和的百分之二十，它的內容又是什麼呢？就是前面我所說明的——「特別的空間，專門留給特別的日子和特別的人事物。」怎麼特別呢？就是專門留給前面幾篇文章中，我所討論到的種種因果故事。這些因果故事，一定牽涉到許許多多的人、事、物，也連帶的會造成王小媚到底是爲了「欠債還債」、還是爲了「有恩報恩」、「學習」、

「考試」、「服務」等因素，而必須來輪迴轉世的原因。特別的因果故事，一定會形成「特別的個性」。

而35％＋25％＋15％＋5％等於80％，這百分之八十，就是這一世裡王小媚「一般的個性」，也就是說，當王小媚長大了，平常時，王小媚可能是大方、熱心、阿沙力、辦事能力很強又待人誠懇的好女孩。公司裡的同事，對她的評語都是如此。

可是在那百分之二十「特別的個性」裡，存放著幾個過去世的檔案。一個檔案是——在某一世裡，王小媚是男人，這男人曾經猥褻過某個女人，在那一個因果故事中，她是債務人。另一個檔案是——在另一世裡，王小媚是女人，有個朋友惡意倒了她一大筆錢，在那一個因果故事中，她是債權人。

影響王小媚這一世命運的過去世檔案一定有好幾個，因爲老天爺安排她在這一世裡，會擁有好多家人和朋友，也許好幾個家人和王小媚之間，都各有一段過去世的因果故事。在此，我只取這兩個因果故事加以解釋。

被王小媚過去世猥褻的那個女人，在那一世裡並沒有原諒王小媚，於是老天爺只好安排她在這一世和王小媚碰頭。她變成了男人，而且還是王小媚的上司，一天到晚找王小媚麻煩，還常常藉機說黃色笑話整她，吃她豆腐。看在經濟不景氣、考績的份上，王小娟除了忍氣吞聲之外，也不知道該如何對付色狼上司。

公司裡大大小小的同事都喜歡大方、熱心又誠懇的王小娟，大夥兒都很爲她抱不平，都覺得色狼上司很差勁，同事們一個個好心教王小娟應該如何對付上司，可是也不知怎麼搞的，平日相當阿沙力、做事能力又強的王小娟，說什麼就是對吃她豆腐的上司，拿不定主意也下不了手，只能默默忍受他的欺負。

王小娟這一世的先生，就是過去世裡惡意倒她錢的朋友。結婚之前，王小娟正如她一般的個性一樣，大方、熱心又阿沙力，可是結了婚之後的王小娟，全變了樣（因果的報應，往往是在白紙黑字之後才開始運作的），對老公非常吝嗇，一分一毫都要算得淸淸楚楚。老公賺的錢一定要充公做家用，她自己賺的錢則全都屬於她自己的私房錢。不但如此，王小娟還很喜歡買高級衣物，常常請同事吃大餐，反正刷的是老公的信用卡。她還強迫老公把所有原本屬於先生的不動產，全部過戶到自己名下。她說：「只有這樣才能證明你很愛我。」

王小娟的老公，也是有名的鐵公雞，雖然很會賺錢，卻是一毛不拔，不但自己省得要命，對別人也奇苛無比。結婚前，還很高興的以爲撿到了一個幫忙生財的女人，誰知道，事與願違。結婚後，苦日子才開始。「在外一條龍，在家一條蟲」正是他最好的寫照。

各位讀者你看懂了嗎？這一世裡「一般的個性」，就是前幾世一般的個性，各自乘以不同的比率加總而形成的，越靠近現今這一世，所佔的比率就越高，依次遞減。常態生活中所表現出來的就是這種個性。例如我們常說：「他的個性很乾脆、很阿沙力。」「你的個性總是給人家陰陰的感覺。」「我這個人就是這麼直，沒辦法！」「我們老闆看起來就是一副很詐的樣子。」等等。

至於那百分之二十「特別的個性」，就特別「針對」過去世的因果故事而產生了不同的變化。也就是說，當王小娟碰到了過去世裡的債權人或債務人，她就自然而然的表現出「該還債」或者是「該要債」的不同個性。同樣的，如果用在有恩報恩、學習等等，也是相同的情形。當面對過去世裡相關的人事物時，那只有百分之二十「特別的個性」就會完全發揮出來，擴大變成百分之百了。平常百分之八十「一般的個性」全都隱而不見。因爲「特別的禮物，留給特別的你」。

欠債還債，你會原諒別人嗎？

當一個人「剛斷氣」時，如果你不健忘的話，那就應該會自己回去報到，如果你忘了老家怎麼走，沒關係，老天爺也只稍等一下，當祂見不到你的「人」影，就會自動上門來找你了。祂不見得是來帶你回老家的，祂只是先來「問候」一下、「調查」一下。而這一段「會面、對話」的紀錄是存在另一組記錄器裡，不在我本書第三篇所說的黑盒子中。爲什麼呢？因爲你已經不是「活人」，而是「靈界的人」。

問候些什麼？調查些什麼呢？別小看祂們對你的關心，這些問候和調查，對你未來世的影響很大。看完這一章之後，也許你才會恍然大悟，你會氣得牙癢癢的，大罵祂們一聲：「你們有夠詐的！」

不管是你自己回去報到，還是祂們來你這裡，第一個動作，就是先幫你把「黑盒子」打開，當場讓你從頭到尾快速的「重溫舊夢」，一點也不遺漏。就在「重溫舊夢」的同時，祂們會問你一些問題。其實也不是什麼大問題啦，就只是問你，你想要「怎麼樣」而已。很簡單的問題，也很容易作答，都是一些選擇題，隨便選一個也可以。

黑盒子裡的資料，從頭到尾完完整整的重播一次，你自己本人和祂們的代表，一起欣賞你在人世間走一遭的所有紀錄片。每播放到一段你認為有所不滿或有爭議性的地方，或者祂們認為有待商榷或必須討論的地方，帶子就會自動暫停一下，等雙方取得了共識之後，才會再繼續播放，直到全部播放完畢為止。

「雙方取得了共識」，話是這麼說沒錯，但是還是會有所不同的。怎麼不同法呢？如果你是個「債權人」，你有優先權，因為債權人有絕對的優先權，只要在合理的範圍內，你可以決定你想要怎麼樣。如果你是「債務人」，對不起！輪到你說話的機會實在是少之又少。

到底是播放到那些片段，必須要暫停一下呢？通常是這樣的，當碰到畫面裡的事件，似乎會產生「債權」或「債務」關係時，就得停下來，雙方討論一下。

用舉例說明比較清楚。這樣假設好了，畫面中的主角就是你和我兩個人，因為某一事件，所以我們發生了債權和債務的關係。記得！這個時候你才剛斷氣而已！你想想看，這時候的你，可能會有什麼樣的習性呢？會有什麼樣的心態呢？我想大概和人世間的你差不多吧！因爲你才剛斷氣、才剛死亡而已。

假設在上一世裡我用木棍打了你的頭，不管你是當場死亡，還是送到醫院之後才死亡，還是回家之後好幾天才死亡……，反正我這一揮棒，害得你因此而死亡就是了。不管我是惡意的，還是不小心的；不管我有沒有因此而賠償了你家人的損失；不管我有沒有因此而被抓去關了起來，甚至判了死刑……。總之，我就是用木棍打了你的頭，害得你因此而死亡。在這一事件中，你也許就變成了債權人，我也許就變成了債務人。

當然了，事前和事後，所有關鍵性的所作所爲，都會影響到未來世兩人彼此之間的命運，關於這方面的細節，我們不加以討論，就留給讀者們自己去推敲。在此，我只提出大綱，爲大家暖暖身。

好了，你被我用木棍打到頭部而死亡。你已經斷氣了，老天爺來找你，替你把你的黑盒子打開，讓你自己從頭到尾再走一趟「來時路」。假設前面的紀錄裡，都沒有什麼大不了的事件發生，沒有什麼值得爭議的，就只有最後面的這一段——我用木棍打死了你，害得你永遠天人兩隔，你很不以爲然。

什麼事都可以好好的說，爲什麼非要置對方於死地呢？這是祂們很難理解的。祂們總是認爲「人身難得」，既然有幸身爲人，就一定有它存在的價値，不管是要用來還債，用來報恩、學習、考試或是用來服務，沒有了「人身」，就一切免談。如果你無法認同這一段話，只要想想，「通靈人」是做什麼的呢？祂們就算有再高的本事，沒有透過「人身」的幫忙，就無法施展祂們的功力，一切也只能「愛莫能助」，不是嗎？

「人身難得」、「人生值得」，你同意這一句話嗎？

我用木棍打死你，才剛斷了氣的你，看到這一段紀錄片，這一段不久前才剛剛發生的紀錄片，你的反應會如何呢？偏偏老天爺也選在這個時候湊熱鬧，「順勢」就「隨口」問了你一句：「你想想看，這要怎麼辦呢？」各位讀者，假設被我打死的人是你，這時候，你會如何回答老天爺的問話呢？

通常答案有兩種：「報復」或「原諒」。

而報復又分很多種，例如：

一、以牙還牙——債務人怎麼對待我，我就要怎麼對待他，讓他自己也親自嘗嘗看被別人打死、害死的滋味究竟是如何。我要爲自己報仇。

二、冤冤相報——過去世我的家人因爲失去了我而痛苦、難過，這一世我也要讓債務人親自體會失去了家人的滋味。我要爲家人報仇。

三、老天作主——一切交由老天爺作主就好了，我不想弄髒自己的雙手，再說，我也沒有膽量敢親自來害死他，我只要知道對方確實有遭到報應就好了。

債權人的優先權、因果的標的物、因果的對象

以上就是一般人想到的報復方式，只要是債權人想要「報復」，那麼債務人就沒有任何理由可以閃躲債權人的要求。老天爺絕對是站在債權人這邊，記得一個重點，在合理的範圍內——「債權人有絕對的優先權」。

舉個最常見的例子——「離婚」，如果債權人是先生，債務人是太太的話，那麼總是會有幾個奇怪的現象，如果不是先生提議離婚，婚姻似乎就不容易離得成。而通常受不了這個婚約的人，往往就是過去世裡的債務人，因爲她在這一世裡，老是扮演受害者的角色。可是，只要先生不答應離婚，就算先生有了外遇，也是沒轍。有的還更妙，白紙黑字是簽了，

可是偏偏就是不到戶政事務所去登記。戶政事務所這一關沒登記，法律就不生效。

有的是因爲先生外遇不斷，有的是因爲先生有暴力的傾向，有的是因爲先生身體出了狀況，有的……，不得已的情況之下，只好請「法律」出場，來個「判決離婚」。婚，是離成了，日子，卻差不了多少。因爲離了婚的先生，還是常常來干擾太太的生活，甚至於還繼續住在一起，由做太太的照顧離了婚的先生。

因果裡，它所要處理的「標的物」又是些什麼呢？很簡單的一句話：「欠命還命，欠情還情，欠錢還錢。」

所謂的欠命，一般是指傷害到「身體」的，就叫做欠命，只是傷害的程度有所差別。有的是害得對方因此斷了氣，有的是斷手斷腳的，有的是必須躺在醫院休養好幾個月，有的卻是從此精神出了狀況，無法過正常人的生活。

「欠情還情」呢？這個就比較廣泛了，反正有關於「感情」方面的傷害，例如親情、愛情、友情等等的傷害，都可以列入此項。比較特別的是「傷害屍體」，這在因果法則裡，也是有罪的，通常把這一項列入欠情還情。

舉個例，如果你發現了某個屍體（不是你害死他的），而沒有好好的處理善後，那麼可能會有後遺症。怎麼說呢?也許你假裝不知道有這一回事，沒有去報警;也許你害怕警察問話，惹麻煩，於是把這個屍體給移位了;也許你把這個屍體綁個石頭再丟到河裡，也許把它給燒燬了，把它給埋葬了……，總之，就是沒有報警處理。

會怎麼樣呢?如果你就是那個屍體，你會如何呢?你會想要回家嗎?你會想再見你的家人嗎?你會想要別人替你伸冤嗎(如果不是自殺的話)?再想想你的家人又會是如何呢?當他們到處找不到你時，不會心急如焚嗎?就算知道你已經死了，也一定會「死要見屍」，他們也急著想要帶你回家，不管你是活、是死。

所以看到「屍體」該怎麼處理呢?如果傷害它，那就是「惡因」，如果善待它，報警處理，那一定就是「善因」了。

至於「欠錢還錢」就很好處理了，只是到現在我還不了解，「金額」如何決定。有人這麼說:「你先問一問祂們，看看匯率是多少?」「可是這也不一定，因爲朝代不同，生活標準也不一樣，再說利息也不知道要怎麼算。」

最後還要了解另一個重點，就是「因果的對象」。想想，當債權人想要報復時，那麼老天爺勢必要安排雙方當事人碰在一起，讓債務人「親身感受到」對方曾經有過的滋味，也讓債權人「親身感受到」老天爺在主持公道，確實安排了債務人來還債。什麼樣的安排最容易讓雙方當事人能夠同時「親身感受到」呢？

想想，除了家人，還是家人。爲什麼呢？因爲同一個戶籍上登記的，絕大部分都是家人的關係。這些家人的關係，必須經過法律的認可，也必須接受法律的約束。而能夠住在一起、生活在一起的，也差不多都是家人的關係。

所以不管來轉世的目的是還債、是報恩、是學習……還是其他，基本上因果的主要對象，都是發生在家人身上。家人是指那些呢？自己、配偶、父母、配偶的父母、子女，這幾個是最主要的因果對象，算算看，也許還不到十個人呢。如果還想要多一點的話，那麼就再加上自己和配偶的兄弟姊妹吧。

你以爲如何呢？想想看，如果你去算命的話，你會問些什麼問題呢？你會想知道哪些人的狀況呢？這幾個「哪些人」，是不是就是我前面所說的那些家人呢？

欠命、欠情、欠錢該怎麼區分呢？

欠命：傷害別人或自己的肉體，或害別人的身體失去自由（例如綁架、監禁等），或損害了別人的名譽（因爲名譽是人的第二生命）。「欠命」的還債方式是什麼呢？通常「欠命」就是用「照顧」兩個字代替，也就是由債務人照顧債權人的身體。

欠情：事件發生時，當事人彼此是互相認識的，或是事件的發生是直接牽涉到感情的因素。「欠情」就表示，債權人和債務人兩人之間的感情會不好，欠情，就直接用感情還。但是「情」怎麼估算呢？很難吧！所以，一對夫妻如果他們之間的因果只有走到「情」，不管是欠情或是報恩情，那麼常常都是以離婚收場，這倒是一個很奇怪的現象。雖然阻礙別人的成長也是屬於「欠情」的一種，但是它卻是「欠情」裡面最嚴重的一種，所以不在這個範圍內。

欠錢：直接牽涉到金錢或其他可以用金錢衡量的物質，如果因果事件牽涉到獎金、工作機會或比賽成績等，也可以歸類在此項。至於它的還債方式，很簡單！「欠錢」就是還錢。

欠命、欠情和欠錢，這三種情形以「欠命」最爲嚴重，因此如果走到「欠命」的話，那麼欠情和欠錢，都要跟著一起走。爲什麼呢？因爲當你傷害一個人的生命時，對方會不生氣嗎？如果他必須看醫生的話，難道他不需要用錢嗎？如果你是害死對方的性命，那麼更不用說，連命都沒有了，他還會饒得過你嗎？他還賺得到錢？

假設你是個小偷，偷了一個不認識的人的金錢，那麼你就是「欠錢」。

假設你向朋友借錢，結果卻沒有還，那麼對朋友而言，你就是「欠情」和「欠錢」。

假設你是個強盜，你殺死一個人，卻沒有搶到錢，那麼你就是「欠命」。問題是，「欠命」是最嚴重的，所以「欠情」、「欠錢」都會跟著一起走。

假設你是個強盜，殺死一個人，也搶走了他的錢，那麼，殺了這個人，就是「欠命」、「欠情」、「欠錢」，可是你又搶了他的錢，所以「欠錢」的部分再加重。

假設你殺了朋友，又搶了他的錢，那麼殺了朋友，就「欠命」、「欠情」、「欠錢」一起走，可是因爲兩人是朋友，因此「欠情」的部分加重了，加上搶錢，所以連「欠錢」也加重了。

報復的方式

接著我們再來談一談老天爺應該如何安排，才可以很公正、公平、公開的讓債權人和債務人，都心甘情願的接受命運的安排呢？

一、以牙還牙——既然你被我用棍子打死了，那麼未來世（一定會有那麼一世的）老天爺一定會讓我們兩個碰頭。也許你是飆車族，有一天騎著飛車、拿著棍子，往路邊看熱鬧的人一砸，很不巧的，我就是那個被你一棒打死的路人甲。也許你是警察，正在追趕通緝犯，一開槍，那想到子彈居然不長眼，亂飛亂跳的打到了我的頭，我就是被你的流彈打死的路人乙。也許你是很有名的腦科醫生，醫術很好，救活了很多人，偏偏我就是那個唯一被你醫死的病人丙。也許我們是好朋友，一起去唱歌，一言不合，大打出手，我就這樣被你用酒瓶敲破頭死掉……，方法可能有很多種。總而言之，我就是被你打到頭部，一命歸天了。

二、冤冤相報——既然債權人是為家人報仇，又為了想讓債務人親身體會失去家人的悲痛，那麼老天爺也許只有一個辦法，那就是在未來世裡，盡量安排債權人和債務人相處在一起，也許處得很好，也許處得並不好（但是絕大部分都是相處得非常好，因為相處越好，所以在失去之後才會越難過、越思念）。一段時日之後，過去世裡的債權人，突然因為頭部病痛或受創而一命嗚呼哀哉，留給債務人滿懷的思念和萬般的無奈，也把一般人認為此債權人在這一世裡該盡的責任義務，統統留給了過去世裡的債務人去承擔。偏偏這個因為頭部病痛或受創而一命嗚呼哀哉的事實，又往往不是其他人的外力因素造成的。這種例子實在是太多了。

三、老天作主——這個方法更慘，當你看完這一段，你就會知道祂們有多「狠」了。既然你不想自己動手，又期盼老天爺能夠替你伸張正義，祂們當然就會義不容辭的爲你出口氣了。可是祂們又不能莫名其妙的抓個人來墊背，於是只好回過頭來，請你自己來當最佳的見證人。

在上一世裡，既然你被我一棍打死，那麼就這樣辦吧！在未來世裡，你變成一個腦部出了問題的人，讓我這個債務人照顧你這個腦部出問題的債權人一輩子吧！也許你變成智障兒，我變成你媽媽，我得照顧你一輩子。也許你變成我先生，我嫁給你之後沒多久，你就因爲滑倒變成了植物人，害得我這個做太太的必須照顧你一輩子。注意！你不是被另一個人弄受傷的，你一定是在無他力的狀態之下受傷的，例如突然腦中風，或自己開車撞到電線桿、安全島等等，因爲傷到了頭部而受傷。

各位，你注意到重點了嗎？「頭部」，基本上所有的安排都會是在「頭部」出了問題。「以牙還牙」，是債務人的頭部被債權人給弄傷而死亡了；「冤冤相報」，是債權人因爲頭部的問題而很早就死亡了，讓債務人思念不已；「老天作主」，是債權人頭部受傷，而債務人必須照顧他一輩子。

我一再的強調，老天爺絕對是很公平的，在過去世裡，我傷害了你身體上的哪一個部位，那麼在這一世裡，也一樣會在身體上的同一個部位出現狀況。只是出狀況的人，有時候是你（債權人），有時候是我（債務人），就看你這個債權人如何作選擇了。

報復的結果

看清楚了嗎？還有哪裡出了問題呢？好倒楣喔！過去世的債權人，爲了親自來要債，就得自己先遭殃才行。以牙還牙，他自己也許會被抓被關；冤冤相報，他自己又再度先回老家報到了；老天作主，也許被照顧得很好，但是卻必須一輩子頭部有問題。採取「報復」的結果，如果眞的是這般下場，值得嗎？

還有另一個重點，一旦你「害死」了另一個生命，那麼就一定得「一命還一命」。怎麼計算呢？講白一點就是，「早死早贏」。也就是說當有一方先回老家報到的時候，另一方才能夠鬆口氣。不過，通常先走的人，往往是債權人而不是債務人。爲什麼會如此呢？因爲債務人必須來償還債權人，他怎麼可以先走一步呢？

以上所舉的例子是「欠命還命」，但是也有很多是「欠情還情」、「欠錢還錢」的。通常什麼樣的情形之下叫做欠命還命呢？所謂欠命，一般而言是指傷害到「身體」的就叫做欠命，只是傷害的程度有異而已。就像我剛剛說的，一旦你害死了一個生命，一定就得用你的一輩子去償還。

換個角度談「欠錢還錢」，想想，大概也差不了多少，爲什麼呢？因爲既然債權人要來討債，那麼他就一定有「報復」的心態存在，既然要報復，那麼老天爺也就只有用以牙還牙等幾種方式處理了。只好讓債權人「盡量有缺錢的時候」，才有辦法讓債務人有機會還錢給你。

也許你還是覺得老天爺很不公平，在過去世，受害者已經夠可憐了，爲什麼到了這一世還要讓債權人不舒服呢？姑且先把老天爺擺在另一邊，先看看你自己吧！我們不是常說「命運掌握在自己的手上」嗎？既然你一心一意想要報復，我請問你，你的「心胸」會寬大嗎？會坦然嗎？會原諒別人嗎？既然「心胸」已經被你「自我設限」，那麼你的「眼光」能夠看得遠嗎？眼光看不遠，賺錢的機會你察覺得到嗎……。屬於你的世界自然就越來越窄了。

抓到重點了嗎？欠命的人，他的身體一定很耐操，因爲他要照顧債權人。欠錢的人，一定賺得到錢，但是，他賺得到錢沒錯，卻用不到錢，因爲他的錢都是要用來還給債權人的。相對的，當債權人想要來報復的時候，他自己就一定得付出一些代價。不是老天爺不講理，而是祂們只有這麼處理，才不會連累到不相干的其他人，也才能夠讓債權人「親身感受到」債務人在還債。

曾經有一位男士問我說：「我借給別人的錢要不要得回來呢？」我一查，過去世裡，他並沒有欠別人錢啊！別人欠他錢，純粹是這一世裡的因，到了未來世才會有果報。我問他：「你想要怎麼辦呢？」他說：「辛辛苦苦賺來的錢，被別人給騙了，怎麼會甘心呢？到了下一世，當然要把它統統要回來！」於是我對他做了以下的說明。

我告訴他：「如果你想要把錢要回來的話，那麼老天爺只好在未來世裡，先讓你做生意失敗或是因爲缺錢而生活過不下去，那麼你才可能有機會讓債務人償還這一世裡欠你的錢。」他一聽，馬上回答：「那麼我決定不要他們還錢了，我會原諒他們的！」我接著又說：「不過，我還是建議你要去告他們，這樣你才不會因爲阻礙了別人的成長，而又造下了一個新的惡因。」」

現在的社會風氣，動不動就故意傷害了對方的信譽、商譽，或者動不動就做個千面人，來個下毒、來個恐嚇……，別以爲這樣子就沒有傷害到對方的身體，就不用一命還一命。對不起！這比「一命還一命」還要嚴重多了，也許就因爲這一小小的舉動，害得訂單沒了，老闆逃了，公司倒了，工廠關門了，工人沒頭路了，好幾個家庭也跟著毀了……。想清楚！這個惡因有多大呢？

原諒別人與天譴劫數

上面所討論的都是「欠債還債」的基本運作模式，重點都在於債權人想要「報復」，可是也有很多的債權人選擇「原諒」來代替「報復」，他們知道「冤冤相報何時了」的道理，也了解如果要報仇的話，勢必自己也要有所犧牲，這又何苦呢？既然自己已經受傷害在先，何必爲了想要報仇，又再度來承受另一種傷害呢？

只要告訴老天爺一句話：「別人害我的、欠我的，我統統不想要報仇、也不想要他們再來還我的債，我願意原諒他們！」簡簡單單的一句話就夠了，就讓你從此脫離「復仇的行列」。

此後，你就不需要和債務人碰頭了，也不必爲了要讓對方有機會還債，而必須讓自己的心靈、生活出了問題。在「原諒」的前提之下，老天爺當然就沒有必要安排雙方當事人再來碰面，祂們是不會如此製造事端的，除非有特殊的必要，例如，想要試試債權人的功力到底如何（請參考本書〈考試〉那一章）。

好了，債權人原諒了債務人，也可以說兩人之間的「民事賠償」解決了，但是「刑事」的部分呢？總要有個「天理」吧！想想，我打了你的頭，害你因此而死亡，就算你本人和家人都願意原諒我，但是法律可不會原諒我吧！我照樣得被抓去審判吧！不管人世間怎麼處罰，靈界還是得再重新審理一次。

你比我先死吧！因爲你被我打死了。同一世，當我死的時候，斷氣的那一剎那，一樣的，黑盒子被打開了，一樣的，我的這一生，從頭到尾，老老實實的重新走過一遍。我的記錄器裡很清楚的記載著我打死你的實況，這時候，老天爺說話了：「你是不是打死了他？」「是的！我錯了！」乖乖的認罪，該關幾年就關幾年吧！「沒有！不是我的錯！是他自己的頭撞到我的棍子！」這種死不認罪型的，多得很，電視新聞中不是常常可以看到嗎？怎麼辦呢？老天爺該怎麼處理呢？不用關了！既然他害死了人，又死不認罪，那麼就一樣讓他也來個死刑吧！

看懂了嗎？當債權人原諒了債務人時，債權人就可以不用跟著債務人來轉世。我們說過了，債權人有絕對的優先權，當他決定不報仇之後，才可以輪到老天爺懲罰債務人。這時候，我通常是把這種情形稱爲「天譴」或「劫數」。不是祂們喜歡整人，只是依「因果法則」行事，祂們也只不過是執行單位罷了！

「因果法則」是這樣的，債權人在合理的範圍內，有權利決定要採取什麼樣的要債方式，如果債權人原諒了債務人，放棄了對他們的報復行動，那麼才能夠輪到老天爺作主。這時候的祂們也只能「依法行事」，而不是採自由心證，高興怎麼樣就怎麼樣。一般而言，一句話就可以形容祂們如何依法行事──「就讓債務人親身體驗當時債權人的感受吧！」

怎麼個天譴法呢？我還是用在上一世我拿棍子打死你的這個例子。當你斷氣的時候，你就向祂們表明要原諒我，於是祂們就不會安排我和你一起來轉世碰頭，從此你走你的陽關道，我過我的獨木橋。可是，我的獨木橋可就不太好過了，也許會有兩種情形發生。

一、我「承認」我有錯，就是前面我說的，也許我會「被關」幾年，但是在凡夫的人世間，老天爺該怎麼處理呢？很簡單，換成我老是在「頭痛」就好了。注意到了沒有，又是「頭部」的問題。妙的是，這個頭痛老是醫不好，看了好多的醫生，做了一大堆的檢驗，就是找不出什麼原因。這就對了！輪到我自己嘗嘗頭部被打的滋味了。在上一世裡，也許你只痛幾天就死了，可是到了我這一世，本金加利息，我就得痛好久好久，這是屬於「因果病」的一種。這種病痛很累人，爲什麼呢？因爲老是找不到原因，又死不了，變成了「老毛病」，一天到晚，被「折騰」得很慘很苦。醫生說：「根本就沒事！」可是病人卻說：「明明就有事！」搞得連家人也不知道該相信誰的話。

二、我「死不承認」我有錯（這時候的我，明明就是一個死人），可是又能夠騙得了誰呢？剛斷氣的我，很天眞的用人世間的習性看待一切，還以爲沒有人會知道我的起心動念、所作所爲，忘了我也有一個屬於自己的黑盒子。死不承認也沒關係，反正直接判我死刑就是了，因爲我也同樣的把別人給害死了。「一命還一命」，公平得很。那麼在這一世裡，我就有可能開車撞到安全島、撞到電線桿、掉到橋下，傷到頭部而死亡。也有可能我自己爬樓梯莫名其妙的跌倒、爬山莫名其妙的摔下山……等等，一樣的，也是傷到「頭部」死亡了。往往這些死亡的原因，不是另外一個人所造成的，我怨不了任何人。各位，這個天譴、這個劫數，可大了吧！

所以說，我這個通靈人有什麼厲害，有什麼好得意的呢？說穿了，也只不過是要盡量看清楚，看清楚畫面中的當事人，到底是被傷害到身體的什麼部位，反正就是這麼簡單，過去世我傷害別人身體的哪一個部位，未來世我自己就會在同一個部位不舒服就是了。簡單吧！

如果這種「死不承認」型的債務人很多，那麼，我們的社會版可就熱鬧了，一天到晚都有意外消息。爲了節省一點版面，也爲了「警惕」人心，老天爺就來個大動作，將這些死不承認的人集中在一起，來個空難、地震、水災等等的災難就行了。

也就是說，這些災難的受害者，有可能是因爲過去世的某一種「共業」，而必須一起來還債，也許還有另一種可能，那就是他們彼此之間，並沒有任何的「共業」，只是他們個人的業障都一樣是要走向「沒有外力因素」的死亡，而老天爺也只不過予以「同一天問斬」而已。

因果的確是有這種可能，我也接觸過很多這類的案例，我不是事先知道當事者已經死亡，我是告訴他的家人，這個人可能會遭到「天譴」，請他們務必小心一下。然而，他的家人卻告訴我：「他已經在某某空難中死掉了。」是有可能如此，但是我們不能說，所有那些在意外災難中死亡的人，都是遭到「天譴」。

就像我常說的，不能把所有的問題都推給過去世的舊「因」，因爲有很多是這一世才造成的新「因」，到了未來世才會見到它的「果」。

害死一個人，後果會如何？

過去世如果害死一個人，到了這一世，可能會有什麼樣的情形發生呢？

如果是害對方死亡的話，那麼在未來世就一定得還對方一輩子。所謂的一輩子，就是以當事人（債權人與債務人）其中有一個人死亡爲止，才算結束。如果債務人因爲受不了債權人的要債，而採取自殺的方式結束自己的生命，這種情形則不能歸類在此。

比較奇怪的是，通常先走完人生旅途的往往是債權人，因爲債務人必須照顧債權人的身體，或必須替債權人扛起往後生活的重擔，所以債務人不可以先離開人間。萬一債務人先死了，那麼，債權人大概也很容易就隨後向老天爺報到。

可是在這一世裡，如果事情還沒有發生的話，那麼我也不會知道，債權人到底是選擇哪一種要債方式而來轉世的，是以牙還牙？還是冤冤相報？或是由老天作主呢？這三種方式是有些差別的。

以牙還牙：通常是發生在致人於死的重大刑案，或家庭暴力事件。

冤冤相報：債權人與債務人的角色，大都是自家人的關係，兩個人之間的感情通常都很要好。債權人表現出色，往往是家庭中的重要人物，而債務人對債權人的期望又特別的高。這樣的背景之下，當債權人突然過世的時候，債務人當然會傷痛莫名。而債權人死亡的方式，絕對不會牽涉到其他人，也就是說，他的死亡是起因於自己的病痛，不然就是純屬個人的意外事件。

老天作主：通常債權人是用生病的方式，讓債務人照顧他一輩子。

這三種要債方式中，還有一個重點，就是這些債權人或債務人，到底他們身體的什麼部位會發生問題，而導致他們的死亡或生病呢？關於這個重點，即前文所提（報復的結果）。這是個很重要的觀念所在，我在座談會中，能夠當場加以「印證」的題材，這就是其中之一。

人一輩子呢。

我常說，人的習性會隨著轉世而帶到另一世，就算是欠債還債裡的債務人，往往也是心不甘、情不願地，再來轉世還債。既然害死一個人，規定債務人要還債權人一輩子，那麼，如果債務人又把當時傷害別人的心態帶到這一世的話，又如何能夠期待他心甘情願地還債權人一輩子呢。

我發現到一個很奇怪的現象，那些「欠命」欠一輩子的債務人，當他這一世再來轉世的時候，對待債權人的態度，居然和上一世截然不同，有愛心、有耐心，一廂情願地把所有的體力、精力，全都專注在債權人的身上。也對啦！如果沒有愛心沒有耐心的話，如何照顧對方一輩子呢？所以，老天爺一定是偷偷地動了手腳，在這些「害死債權人」的「債務人」身上動了手腳，不然的話，這些債務人的習性，怎麼會改變得這麼快呢？「他們」一定是被「祂們」嚇壞了！不得不做一百八十度的大改變！

行善能夠改變命運嗎？

我常勸人要多行善，但是我也一再強調，不是拿錢到寺廟裡去供養師父，也不是添香油錢蓋大廟。我總是希望有心行善的人，用點腦筋思考一下，我相信你絕對是慈悲的，但是我更希望你是有智慧的善心人士。金錢來得並不容易，如何將善款捐到眞正需要幫助的地方，這就是老天爺在「測試」你修行程度的考題。

不瞞你說，我從來就沒有算過有人因爲過去世供養師父或捐錢蓋廟而增加「修行功力」，我只算過供養者和師父兩人之間的因果關係，這純粹是兩人之間的因果，根本就扯不上什麼修行層次的問題。祂們一再的「告誡」我：「修行的功夫，不在經書中獲得；修行的本事，來自日常的生活起居當中。」

先從「天譴」說明好了，記得嗎？所謂的天譴就是債權人原諒了債務人，而由老天爺直接處理債務人的問題，一種是「被關」，一種是「死刑」。不管是被關或是死刑，只要表現良好，我想都有假釋出獄或特赦的機會。怎麼個表現良好呢？就是多行善，如此而已！因爲債權人已經放棄了報復的權利，當然老天爺就可以直接依照「因果法則」做出最佳的審判。

既然受刑人有心向善，也在獄中表現良好，爲什麼不能給他們一點機會，讓他們能夠「浪子回頭金不換」呢？

「因果法則」絕對是公平的，但也有它慈悲的一面，只要是屬於「天譴」、「劫數」的還債方式，只要債務人能夠盡量行善，身體力行、有智慧的行善，那麼祂們永遠都願意幫助這些人，盡可能在法律許可的範圍內，爲你辯解，爲你解套，希望能夠爲你找出一條生路。

如果你問我：「我要怎麼做？要做多少？要做多久才可以還淸呢？」我實在沒有辦法回答，因爲你的期待和祂們的標準，也許落差很大。

我只能這樣告訴你：「你就盡量行善吧！其他的，就交由祂們去處理好了！反正祂們也不敢亂來！你一定要做到讓你的第二卷錄影帶內容，和第一卷的內容有很大的差異之後，老天爺才可能有權利，爲你改變第三卷錄影帶裡頭後面的預告片！記得！借用任何的外力都將徒勞無功，只有你自己，才救得了你自己！」這種方式的「破劫法」，你覺得合理嗎？公平嗎？

另外還有一種情形也有可能因爲「行善」而改變了命運，那一種情形呢？就是「報復」裡的「老天作主」這一類。關於這一點，我用舉例說明才會容易了解。

你被我用棍子打到頭部而死亡，你是債權人，我是債務人，既然你不原諒我，那麼我就得爲了償還你的債務而跟你來轉世。老天爺是這麼決定的，決定把我變成你的媽媽，讓你變成一個天生重度智障的孩子，我必須因此而照顧你一輩子，讓你親眼看到、親身感受到，我的確因爲過去世做錯事，而受到了報應。

你比我早死，因爲你是被我打死的，你又比我晚出生，因爲你要轉世來變成我的孩子，你比我「早死晚出生」。你選擇讓老天爺來替你作主，只是你絕對想不到居然會變成智障的孩子。這就是祂們的本事，又狠又詐！絕不手軟！祂們才不會傻到事先告訴你，要把你轉世變成什麼樣的人，祂們只要能夠達到你的報復願望就萬事太平了。

好了，既然在這一世裡我比你早出生，很幸運的，又有人告訴我：「妳將來的孩子可能是來向你要債的，你要有相當的心理準備。我勸你不妨多做點善事，看看能不能改變一下將來的命運。」好了！我不見得會相信這個人的話，但心裡總是毛毛的！心想，反正多做善事又沒有害處，做就做吧！

到底會發生什麼事呢？小心看這一段！多花點心思，前後一定要想通才行！

如果我多行善，等到你這個債權人要來轉世做我的小孩時，老天爺就會把你帶到一個地方，讓你瞧一瞧，瞧瞧我在人世間做善事的模樣，祂們也許會這樣對你說：「你看看，這個人就是前世用棍子打死你的人，當你剛斷氣時，你說過你要報復，還拜託我們替你作主。現在呢？你看看！他知道自己過去世裡做錯了，不應該害了你，這一世裡的他，已經想辦法在彌補自己的過錯，盡量幫助別人，你以爲如何呢？」

小心！小心這個階段的問話，別被祂們騙了。因爲答案只有兩種，一種是你想要原諒我，另一種就是你仍然不原諒我。因爲你認爲我所做的善事，都是做給別人的，並不是做還給你這個債權人，所以你根本就不甩我，仍然不肯原諒我。

不管這時你是否動了心念，不管你是否願意原諒我，但是都改變不了一個事實，什麼事實呢？那就是——你早就被「注定」是個智障兒，我也早就被「注定」是你這個智障兒的媽媽。只不過，祂們都守口如瓶，在我這個債務人先轉世的時候，不會對我說，如今你這個債權人要來轉世了，祂們更是什麼也不敢說，不敢告訴你，說你將會轉世爲智障兒！

祂們才不會那麼傻呢！

這就是「誠信」的原則。別忘了！在你剛斷氣時，你早就已經決定要報復了，還選擇由「老天作主」的方式。這可是你自己的抉擇，自由自在的自主權，沒有任何外力的逼迫，你無權怪老天爺，也怨不了任何人。所以我才會一再的告訴各位，在人世間的時候，一定要養成「原諒別人」、「施恩不求報」的習慣，否則到了靈界，想要有所改變，根本是緣木求魚。

可是祂們爲什麼要在你出生之前，帶你看一看我做善事的實況呢？唉呀！祂們就是心軟、不死心，不到最後關頭，絕不放棄。看到債務人已經在改過了，祂們好開心，可是祂們多麼希望，是否能夠在出生前的最後那一刻，讓債權人的報復心態也可以軟化下來呢？雖然明知道，已經改變不了雙方當事人既定的「注定」命運。

「命運不是個定數」，記得這句話吧！就算是注定，就算有定數，也只是佔百分之六十而已，還有百分之四十可以讓我們自己改變吧！如今祂們這麼做，就是想要替雙方的當事人，盡量努力來改善這百分之四十的命運。改變得了嗎？祂們只能起個頭，提醒你一下，但是決定權還是在你自己，且聽我道來。

如果你動了心，想要原諒我，那麼自然的，你就會懷抱著原諒我的心態，轉世來做我的智障兒。你的心境是平和的，是原諒我的，而我這個做媽媽的，也因爲行善的關係，讓我自己的心態也變得慈悲多了。我們母子兩人的相處，非常令人稱羨，雖然你是智障兒，但我從來就不曾嫌棄過你，認爲你是個負擔；你除了智障之外，其他的一切都非常溫和，也許還是人見人愛的智障兒——只因爲你、我的心目中，都已經不再有仇恨存在了。

債權人不原諒或債權人已出生，行善又如何呢？

如果你在出生之前，看到了我在做善事，仍然不為所動，仍然想要報復我，那我也沒有辦法，誰叫我在過去世裡害死了你。我罪有應得，我做的，我就得要收拾善後，自己承擔後果，我沒有任何理由，可以為自己脫罪。我做再多的善事，都沒有辦法改變我的命運，我也認了！這些善事也許改變不了你對我的觀感，但是，它卻一定可以成為我未來世裡的「助力」。只要我行善的「因」在先，將來，我一定可以收到行善的「果」。

你來轉世了，帶著滿腔的報復心態，你不僅是智障兒，還是挺令人心煩、心厭的智障兒。如果我有錢，如果你很乖，我就會帶你環遊世界。如果我有錢，可是你很不乖，我只好自己一個人走天下。能怪我嗎？我很盡力在照顧你，但是當我要出遠門的時候，如果你不能配合的話，我也只好請人照顧你的生活起居，自己一個人出發了。任誰也不會說我這個做媽媽的不是。

這是第二世的情形，一個是很平和，願意原諒別人的智障兒；一個是很暴躁，說什麼也不肯原諒別人的智障兒。反正一世就這麼過去了，我這個做債務人的媽媽還完了，還清了在上一世裡，我用棍子打死你所欠下來的債務。

然而到了第三世又是如何呢？因爲在第二世裡，我的債務還清了，如果沒有其他特別的「因」發生，也許我和你就不用在第三世裡碰頭。可是因爲我在第二世裡做了一些善事，所以我的第三世，可能就會有一些福報也說不定。

而你的第三世呢？那可就不一定了。如果你是那個平和、原諒別人的智障兒，那麼到了第三世，也許你就會是人見人愛、人際關係非常良好的人物。如果你是那個暴躁、不肯原諒別人的智障兒，到了第三世，很不幸的，也許你將會是人見人厭、人際關係糟糕透頂的人物。爲什麼會這樣呢？很簡單，你只是把前一世的習性直接帶過來轉世而已。關於這方面的說明，請回頭翻翻前章的「個性是如何形成的呢？」。

很重要嗎？「學會原諒別人」是不是一件很重要的人生課題呢？不要和我辯論宗教的種種，也不要和我大談修行該如何……，如果你不能做到原諒別人的話，似乎離修行、宗教、祂們還有一大段的距離。

如果我這一世不還，那又會怎麼樣呢？

有人這麼說了：「那我乾脆不結婚好了！」「那我乾脆不要生小孩好了！」……，好一個「乾脆」，可是，「因果法則」也是相當乾脆的，它的乾脆是這樣的——「不管天有多長，地有多久，我總有一天等到你」。

當然了，我不能說你一定得結婚不可，一定得生個孩子才可以。在這一世裡，你對自己的未來確實擁有自主權，但是未來世呢？就像我在本書的〈輪迴轉世〉中「出生是無奈的嗎？」所提到的，你能夠保證出生在你想要去的國家、家庭嗎？你能夠保證出生爲你想要的性別嗎？

「因果法則」規定，「欠債一定要還債」，但是債權人可以原諒債務人。當債權人原諒了之後，並不代表債務人就可以高枕無憂，爲了公平起見，還有「天譴」、「劫數」在等著債務人，所以祂們希望世間人能夠學會不要有「報復」的心態。「有恩一定要報恩」，施恩者可以不要受恩者回報，但是老天爺一定會找個場合，讓受恩者有機會可以表達報恩的謝意，因爲祂們希望世間人能夠學會散播「愛心」的重要性。

當你斷氣的那一刹那，就已經對你這一生該要債、該還債、該報恩、該施恩，作了一個總整理，那是你當時自主做的抉擇，至於要什麼時候付諸行動，並不一定。我常說的──「早還早了業」，如果你不想這一世還，那麼多拖一世，就多加一點利息就好了。

不過，也有另一套說詞，如果你這一世盡量行善，不想和債權人碰面，那麼到了下一世，也許因爲行善的關係，讓你的心境改變了不少，那時候，再來還債也許就會更心甘情願了。站在債權人的立場，也許他在這一世也改變了不少，也學會了要原諒別人，不過，當他上次被你害死，剛斷氣時所做的抉擇，已經「無法」再做任何改變。能夠改變的只有當他要再來轉世時，是否願意原諒你而已。

有人會說：「這不是注定好的嗎？怎麼可能不用還債呢？」當然有可能了，因爲命運注定的只有百分之六十，不是嗎？如果你有本事走另一條路，走到百分之四十，又有誰規定不可以呢？只不過，時間一拖長，利息也許會增加不少。舉個例，如果台北到屏東全長四百公里，你開車的時速是一百公里，四個鐘頭就可以到；假如你的時速是四十公里，就得開十個鐘頭；而如果你想在台中吃飯、過夜，那麼所花的時間就會更多了。

如果你命中注定的先生，是你這一世應該要還債的債權人，可是你實在不想在這一世裡結婚、還債，那麼在因果輪迴轉世的運作模式中，又可能會有什麼樣的改變呢？（在這裡請注意一點，光憑通靈人的因果故事，或算命師的掐指一算，你又怎麼能夠確定未來的另一半，一定是如他們所說是要來向你討債？）也許吧！也許債權人這一世是要來當你的先生，可是你想盡辦法逃避，也讓你逃掉了，可是，在發生債權債務的那一世（過去世），如果債權人死後，就已經決定要向你討債的話，根據因果法則的規定，債權人一定可以如願的，因爲債權人有絕對的優先權。

這一世要不到，那麼就等下一世吧！下一世老天爺也許就把這個債權人轉世變成你的兒子，先生可以不要、可以分居、可以離婚，兒子就不是那麼容易可以拋開的吧！所以這一世逃掉了，下一世就加重一點點，讓你欲哭無淚，甩也甩不掉。

有時候，我看到過去世的因果故事，可能會在這一世裡帶來相當大的後遺症時，我會建議債務人，如果心裡還沒有準備好，那麼就延到下一世再處理。如果債務人能夠在這一世先改變自己、建設自己，那麼在未來世，就比較能夠心甘情願地接受命運的安排。可是也有人會這麼說：「可是到了下一世，就沒有陳太太來告訴我們因果故事啊！倒不如現在知道，這一世趕快還一還吧！免得夜長夢多。」

如果你是因果故事中的債權人，而且尚未結婚的話，聽了我的因果故事之後，問道：「那麼，我可以不可以現在就告訴老天爺，告訴祂說，我不要對方還債了。」

怎麼可能呢？既然你在那一世死了之後，並沒有告訴老天爺，說你要放棄債權（不要債務人還債，不要債務人報恩），祂們當然就得安排這一切的後續劇情，安排屬於你們兩人之間，這一世百分之六十注定的命運。如果債務人這一世，就只爲了你的這一個「因」而來轉世，你現在才說要放棄債權，似乎是太慢了，因爲對方早就已經出生了。

就算你在這一世，並沒有和對方碰頭，聽了這麼多的因果故事之後，你也了解「原諒別人和不求回報，是非常重要的一件事」，所以，等你這一世死後，馬上對老天爺說：「過去世的債權我統統不要了。」對不起！來不及了，因爲那是在事件發生的那一世，當你死了之後，就馬上決定的債權債務關係。既然已經決定了，老天爺就一定會貫徹它，並且執行到底。

如果你是因果故事中的債權人，就算這一世沒有碰到債務人，並不代表這個債權債務已經互相抵銷。如果這一世回去之後，你想要放棄過去世的債權，也太晚了。沒有關係，既然了解因果輪迴轉世的運作模式，就算下一世你「被迫再來要債」，我相信，你報復的力道一定會減輕許多，甚至連對方都感受不到。

如果你是因果故事中的債務人，雖然這一世被你躲過了，但是在這一世裡，你很努力的改變自己的個性，改變自己的所作所爲，爲的就是「有心」要在未來世裡，心甘情願地還債。到了未來世，債權人不想要債，債務人有心還債，他們兩人碰在一起的日子，會如何呢？絕對是一種修行！

所以整個改變，就只在當事人所持的心態與理念不同罷了。別忘了，還是老話一句——「原諒別人，不求回報，更不要阻礙別人的成長。」

另一種情形，如果在這一世裡，做太太的注定是要還先生的債務還七分的話（假設滿分是十分），那麼在這一世中，做太太的只還了五分，不夠的兩分又該如何處理呢？如果這兩分，是債務人太太想要逃避的話（也許是太太想盡辦法，強迫先生離婚），那麼，和前面的解釋差不多，多加一點點利息，下一世再繼續還債就行了。如果這兩分，是債權人先生想要放棄的話（也許是先生主動提出離婚的要求），既然他是債權人，他原諒了你，那麼就行了！

這一世如果已經做錯了，我又不知道到底是上一世別人欠我的，還是這一世我欠別人的，那又該怎麼辦呢？

首要的工作，就是找債權人解決問題，如果知道債權人是誰，就直接和他溝通，尋找最佳的解決之道。如果不知道債權人是誰，就去做些相關的善行。如果有牽涉到司法的問題，就去相關單位自首，能夠認錯就趕緊認錯，亡羊補牢，能補多少就補多少，少說一個謊言，就減少一個再犯錯的機會。

至於債權債務要如何計算呢？不必煩惱這個問題，因爲我們連「到底是別人上一世欠我的？還是我這一世欠別人的？」都搞不清楚，更不用說債權債務的多寡要如何計算了。

舉個例，如果你不小心在路上撞傷了一個人，因爲一時驚嚇，於是駕車逃逸，事後想想實在不妥，心有不安。這時候的你該如何是好呢？首先你應該到警察機關自首，如果能夠找出受傷者最好，看看對方要求如何善後，你盡力配合。如果對方獅子開大口，你可以請司法單位仲裁。

如果找不到受傷者，我會建議你到醫院當義工，或捐錢到醫院，或常常去捐血等等。爲什麼呢？如果被你撞到的債權人，這一世死了之後想要原諒你，不想再向你要債，根據因果運作模式，你應該會走到「天譴」或「劫數」的命運（請回頭參考前文的〈原諒別人與天譴劫數〉）。既然是老天爺接手處理，祂們就可能把這一世「後來的功」，和這一世「前面的過」，直接功過互相抵銷。恭喜你！下一世，你就不用再來還債了。

如果在這一世裡，雖然你做了很多善事，可是債權人死後還是不肯原諒你，那麼到了未來世，你這個債務人還是得再來和債權人碰面，並且直接向他清償你的債務。

這個時候，有一個很重要的觀念一定要釐清，被你傷害的那個債權人，並不是你後來行善對象的那個受恩者。所以「欠債還債」的債權人歸債權人，「有恩報恩」的債務人歸債務人，「欠債還債」的債權人，無法和「有恩報恩」的債務人，功過互相抵銷。

很簡單的道理，債權人在合理的範圍內，他都可以要債，而且還有絕對的優先權。至於這一世，你做了那麼多的善事，又要如何處理呢？在未來世，一定會有很多的貴人，很多的福報在等著你呢！

看到這裡，你想通了嗎？如果你繼續看下一章的〈感恩報恩，施恩不求報〉，你就會明白這本書的用心何在了。當你斷氣之後的第一個抉擇，你知道該如何選擇嗎？記得，如果你願意相信我，那麼請一定要和老天爺講清楚：「別人害我的、欠我的，我統統不想要報仇，也不想要他們再來還我的債。」除此之外，還要加上一句：「所有我施予別人的恩惠，統統都不求回報。」

以上短短的一段話，背起來很容易，但是時間一到時，說得出口嗎？如果你在平常的做人處事中，不是秉持這種個性的話，我實在很難想像事到臨頭時，你會很「自然而然」的脫口說出這段話。記住，祂們是在你斷氣的那一刹那，就要你做出決定。唯有平日就是「原諒別人、施恩不求報」的習性，才有可能在斷氣的那一刹那，做出最佳的抉擇。

但是，在欠債還債，學會原諒別人的同時，我們也必須注意到，千萬不要阻礙了別人的成長，因爲「悲情」是不管用的。同時，也要讓自己的腦袋瓜隨時都保持清醒的狀況，千萬不要走入迷信的行列，更不要以爲受害者就一定是債權人。而當你實在呑忍不下的時候，不妨換個角度看待問題，也許比上不足，比下卻綽綽有餘。「山不轉路轉，路不轉人轉，人不轉心轉」。

結論

以下的歸納是以「害死一個人」爲前提，如果傷害的程度不同，當然因果的報應就會有差別，但是最重要的判別方式是——身體的同一個部位會出問題。

＊報復的方式（民事的部分）：

一、以牙還牙——債務人被債權人傷害到身體的同一個部位而死亡。

二、冤冤相報——債權人因爲身體同一個部位的受創或病痛而「早死」，卻把此生應盡的義務留給債務人去承擔。

三、老天作主——通常是債權人自己身體的同一部位出了問題，而由債務人照顧債權人「一輩子」。

老天作主的報復方式和冤冤相報很類似，都是屬於債權人身體的同一個部位出了問題。「冤冤相報」是債權人突然此部位受創或病痛（非其他人的外力因素），並且在短時間內就離開人世，是屬於死後才開始折磨債務人。「老天作主」則是屬於生前折磨債務人，讓債務人必須照顧債權人一輩子。爲什麼老天爺會採取生前折磨人的方式呢？因爲這種照顧債權人、折磨債務人的時間會很長，所以債務人通常會很想知道，到底是什麼原因，造成彼此之間這樣的「命運」。在探求答案的過程中，老天爺希望他們能夠學會改變自己，再藉由改變自己，繼而感動債權人，也改變了對方的報復心態。不但自己還了債，也渡了對方。

*原諒——天譴、劫數（刑事的部分）：

一、被關——債務人身體的同一部位會常常覺得不舒服，但查不出原因。

二、死刑——債務人自己出了意外，因爲身體的同一部位受了傷而死亡（和冤冤相報很像，但天譴與劫數，卻可以經由行善而加以改變）。

*行善可以改變債務人的命運嗎？

天譴劫數——行善可以改變債務人的命運。

老天作主——

1. 若債權人已經出生：已無法改變債務人的命運，只能好好的善待債權人。

2. 若債權人尚未出生：

債權人在出生前決定原諒債務人——可以改變債務人的命運。

債權人在出生前仍不原諒債務人——無法改變債務人的命運。

受害者未必就是債權人

*凍死

女兒問父親與弟弟的因果。

「我看到的是雪地裡的畫面，有兩個人，大概是老闆和員工的關係，也可以說是朋友的關係。兩個人一前一後護送珍貴的貨品上路，途中有一個人有事，你可以假設說他要在野地裡方便，於是稍稍離開了一下。沒想到另一個人卻臨時起了貪念，把珍品快速拖走，然後躲在一棵大樹的後面，心想等去方便的人回來，因爲找不到他而離開之後，他再從大樹後面走出來，這樣一來，他就可以獨吞這些珍品了。」

「好了，去方便的那個人回來了，東找西找就是找不到另一個朋友，問題是，他怎麼可以就這樣離開呢？因爲那些貨物是客人託運的東西。於是他就在原地晃來晃去、走來走去，癡癡等另一個人出現。突然，樹的後面傳來一聲巨響，原來貪心的朋友被凍死了。爲了趕時間，他只好趕緊拖走貨物繼續上路。」

「貪心的這個人是你弟弟，去方便的那個人是你爸爸，被凍死的受害人是你弟弟，但是在因果的角度來說，你弟弟卻是個債務人，不是債權人。是他自己的貪心害得自己被凍死了，別人根本就沒有害他，更何況他還延誤了運送的時間。」

「難怪，在這一世裡，我爸爸就是自己賺錢自己花，雖然他的事業做得不錯，但是和我弟弟處得並不好，從來就沒有想要把事業放給我弟弟去做的打算。」

＊射擊

「我想知道我和我哥哥的因果。」問的是一位二十歲左右的年輕男孩。

「你和你哥哥在過去世裡是同事的關係，看起來好像是警察，兩個人在一塊空地上練習打靶。這種練習法是採用實槍實彈，在地面上畫兩條線，兩條線之間隔了一大段的距離，一人各站一邊，站在線上，一手持槍，一手持盾牌，雙方都可以在線上隨意跑動，隨意向對方射擊。射擊的目的是爲了訓練身手的矯健。」

「其中一人對另一人很不滿，他很想趁此機會修理對方，問題是這種打法絕對打不倒對方，因爲勢均力敵又有盾牌保護。最後他終於想到一個方法，那就是超出線外，跑進兩線之間的空地，然後再斜斜的向對方射擊……。沒想到對方的身手比他還要快，就在他挪移盾牌斜斜衝出線外時，對方已經射中他的要害，一命嗚呼。」

「事後，當局認爲衝出線外的這位同事不遵守法則犯規在先，因此判對方無罪。只是可憐這個警察，射死了同事又被判無罪，心裡無法平衡，從此造成精神障礙。你就是衝出線外的那一位，你哥哥就是射死你的那一位。現在你們相處得怎麼樣呢？」

「我哥哥有精神病，現在在療養院。」

「那你父母怎麼想呢？」

「我爸爸和我媽媽都不在了，家中就剩下我和哥哥，現在都是我賺錢供他住到療養院。」

「所以在這個因果故事中就可以淸楚的看到，受害者未必是債權人。」

因果罪的排名

因果罪的排名當中，以自殺排名第一，害死別人的生命排第二，阻礙別人的成長排第三。自殺和阻礙別人的成長，我會在後面的章節討論。

如果說，人的肉體是「硬體」的話，那麼人的思想就是「軟體」了。害死別人的生命，是傷害對方的硬體；阻礙別人的成長，就是阻礙對方的思想，是傷害對方的軟體。沒有了生命，就不用談思想了，所以害死別人的生命排第二，阻礙別人的成長排第三。

至於自殺呢？自殺就等於害死自己的生命，當然就更不用談阻礙自己的成長了。一個人如果連自己的生命都不愛惜，我們能夠期待他會愛惜別人的生命嗎？（爲了某些特別的目的，而犧牲自己的生命則另當別論）所以，自殺就等於是害死自己的硬體和軟體，當然是排名第一了。

害死別人的生命是要還一輩子的，請先回頭再看看〈因果輪迴轉世〉那節「永遠還不了的債務」。常常有人對我說：「如果在過去世，我害死一個人，也爲此事被抓去關，或賠償對方家屬一大筆金錢，爲什麼到了現在這一世，我還得要來還債呢？」當我在台北看守所演講的時候，台下的受刑人提出了這個問題。

如果債權人死後，不滿意當時的判決，那麼他確實是可以再來要債的，只不過因爲你在上一世裡，已經爲此付出很大的代價，所以老天爺只會允許他轉世的時候，再來要一些債權而已。正因爲如此，所以我常會勸人：「有錯，就該認錯，該被罰，就乖乖受罰。在這一世裡，能還多少就還多少，未來世就可以少還一些。」

就像我常說的另一句話：「如果可能的話，父母親自養育子女長大比較好，因爲從小就了解孩子的一舉一動，孩子比較不會做多面人，也不容易變壞。雖然自己帶孩子很辛苦，但是絕對值得！不要等孩子出問題、變壞了，才想要爲孩子犧牲一切，太慢了！一切無法重新再來！」

還是那一句話——「早還早了業」。

因果故事

*豬公

在台南社教館的演講，有個媽媽想要知道她和女兒的因果關係。在這之前我已經把因果輪迴轉世的基本運作模式做了一個簡短的說明。

「妳女兒的身體怎麼了？」我閉上了眼，沒有畫面，但是卻收到了「身體出狀況了」的訊息。

「我女兒是唐氏症患者。」

「剛剛我有舉例在什麼樣的狀況之下，可能會生出腦部有問題的孩子，你可以自己編個故事。」

「那不一樣，我還是想知道眞正的因果是什麼。」唉！我說的因果故事，各位憑什麼要相信呢？沒有辦法印證又查無實據，眞要這麼迷信嗎？哪一天當我不爲人服務的時候，你又該怎麼辦呢？

「妳女兒過去世是隻豬，一隻很胖的豬，我知道了，妳很認眞的養牠，因爲妳想參加豬公比賽，想得第一名。正如預期的一樣，豬成長得很順利。只是沒想到比賽前一個禮拜，這隻豬公突然拉肚子，一直瀉個不停，整整拉了一個禮拜。結果怎麼樣？妳可以想像。」

「我看到的畫面是妳拿著一支棍子，死命的敲打這隻豬公的頭部，因爲豬公實在是太胖了，再加上肚子不好的關係，雖然妳拚命的打牠，也知道牠絕對會很痛，可是牠根本就沒有辦法站起來，避開妳的棍子。」

*護士與傷兵

她想知道和先生的因果，她是一個年約四十歲的婦人。

「我看到的是在一個野戰部隊的醫療站，大概是戰爭期間吧，妳是一個護士，妳先生是一個傷兵。這個傷兵靠著牆壁坐著，頭垂向左邊，兩隻腳往前直直的伸出去，剛好橫擋住了一個小小的要道。這個小道是護士推醫療器具車必經之路。大概是病床不夠吧，所以這個傷兵沒有辦法住院，可是他傷得不輕，累得要命，沒有辦法移動一下身子。」

「這個護士氣壞了，氣他擋住了她來來往往的道路，於是她雙手托著傷兵的腋下把他拖到非常偏僻的小角落。接下去的我就不用看了，不管這個傷兵有沒有因爲被妳拖到小角落而死亡，總之，這個因果妳是錯得太離譜了。」

「其他士兵把他拖走也就罷了，偏偏妳是護士，一個以救人爲職責的護士，不但不醫治他，還見死不救，把他拖到更不顯眼的角落。換成別人，要背的因果也許沒有那麼嚴重，可是妳就不一樣了，一定會罰得很重。在這一世裡，不但妳欠先生，連妳的工作事業也一定不如意，因爲從妳這個故事，我們就可以知道，在過去世裡妳在職業上的表現並沒有盡責，這個失職的因果，一定會影響到妳這一世裡的職業運。」

「妳和妳先生現在怎麼樣呢？」

「他已經死了，留下了兩個孩子要我照顧，而我的工作眞的很不如意。」

這個結局讓我很訝異。但是這之後，卻連續讓我碰到了很多類似的例子，很多家人年紀輕輕就早死的例子。有的是白髮人送黑髮人，因爲在過去世裡，父母欠兒女，欠的是命、是情，所以兒女沒有這個命或情，必須奉養年老的父母；也有的是姊姊欠弟弟，弟弟先走了，所以照顧父母的擔子就落在女兒身上；更多的是欠另一半的因果故事。

總之，曾經我們怎麼對待人家，而今就換成人家怎麼對待我們，老天爺也只不過讓我們親自嘗嘗當時對方的滋味而已。能罵祂們沒眼、怨祂們不公平嗎？

＊黥面

「我想知道我和第二個女兒的因果。」問的是一個四十多歲的婦人。

「知不知道原住民那種在臉上紋臉的樣子，就好像現在流行在手臂上刺靑，可是我看到的是在臉上刺青。」「那是黥面。」有人爲我作了解釋。

「我看到的是一個會刺青的女人在幫一個年輕的女孩刺青，刺的部位是額頭。那個女孩大約十七、八歲，長得很漂亮。喔！我要先問各位一下，請問刺青是不是有分力道大小，也就是說刺的深淺會有區別呢？是不是刺淺一點，以後如果不喜歡可以磨掉再換別的圖案。」

「當然有區別了，如果圖案不喜歡的話，磨掉再刺別的花樣也可以。」這是當場別人給的答案，這方面的知識我是一片空白。

憑我個人單純的生活經驗，實在無法全部了解畫面所蘊含的所有意義，所以在座談會時，我往往會很清楚的描述我所看到的畫面，如有不了解之處，我就當場請教所有的來賓。也因爲如此，我認識了很多生活層面不可能碰觸到的人事物。通靈一路走來，自己也獲益良多。

「那時候，那個部落有刺青的習慣，如果是男的就刺深一點，如果是女的就刺得很淺，因爲女人也許以後必須嫁到別的部落去，那個時候就必須改成另外的圖案。我看到的這個女孩是全部落裡最漂亮的，這個刺青的師傅心裡很不平衡，於是就故意把這個女孩額頭上的圖案刺得很深，想藉此害她，害她以後如果想換新的圖案都沒有辦法磨掉。」

「你的女兒幾歲了？」

「二十歲，可是她有自閉症。」她自己把答案給說了，本來我想說的是：「如果你女兒結婚的話，可能沒多久就會離婚，然後回來讓你養。」

「她的病嚴不嚴重呢？」

「在家裡還好，可是出外就沒有辦法自理了。」看起來她必須照顧這個女兒一輩子了。

「就好像在那一世裡，如果這個女孩嫁出去之後，刺青沒有辦法改變的話，一定會被男方送回來。」同桌的人開口作了一個很棒的說明。這是常情，如果你來參加幾次座談會之後，自然就很容易進入狀況。

＊咬舌自盡

這是三個人，先生、太太還有女兒的因果故事。

在過去世裡先生是兒子，太太是婆婆，女兒是媳婦。那一世裡，年輕的夫妻感情很好，可是嫌貧愛富的婆婆卻看不起家世清寒的媳婦，總希望兒子娶的是另一個有錢的女孩。有一天，兒子外出辦事，婆婆為了讓兒子能夠另娶有錢的女孩，於是趁此機會，找了一個莫須有的理由，強迫媳婦咬舌自盡。

這一世裡，沒怎麼樣，九歲大的女兒就是不說話，醫生找不出原因，做媽媽的到處求神問卜，也查不出所以然。太太想再生一個小孩，但是先生卻說要把全部的精力，用在照顧這個女兒身上。當我告訴她在過去世裡，女兒是被迫咬舌自盡的時候，這個太太說了一句話：

「我女兒晚上睡覺的時候，常常會把舌頭伸出來，伸得長長的。」

＊貓咪

「我想知道我和我們社區裡的一隻野貓過去世是不是有因果，因爲牠受傷我照顧牠一陣子。」

「那隻貓是不是傷到腳？」

「對！牠就是傷到腳。」

「我看到一個梳古裝頭的女人，就像是電影梁山伯與祝英台裡祝英台的那種裝扮。在過去世裡，她是個很有錢的獨身女人，父母雙亡，留下很多財產。有一個年輕人昏倒在她家門前，被家丁看到了，把他給扶了進來，並且悉心照料，久而久之，年輕人和女主人相戀、結婚。年輕人勸太太把家丁辭退，因為他說由他來照顧她就行了，這樣可以省掉好多的開銷。因為他們是用很好的條件辭退家丁，所以在這個故事裡，並沒有造成年輕人和家丁之間的因果。」

「只是沒想到，年輕人別有目的。有一天他趁著太太熟睡的時候，拿起棍子朝太太的小腿用力打了下去，然後拿走家中所有值錢的東西逃走了。你就是那個年輕人，那個太太就是那隻貓。」

「這樣就對了，我花三分鐘向各位說明一下。牠是我們社區裡的一隻野貓。有一天晚上十二點多的時候，我發現牠不太對勁，原來牠可能是在兩、三天前，被小朋友用橡皮筋綁住了腳，結果腳部都快爛掉了。我一時心軟，心想應該要救救牠，於是馬上打電話給我認識的獸醫朋友，請他幫忙。」

「朋友對我說，沒救了，這隻貓的腳應該是絕對不會好的。我問他成功的機會有多少，他說只有百分之十。我想，不醫牠，牠一定會死，如果救救看，也許還有復元的機會，就算醫不好也沒有關係。於是我請朋友盡量幫忙，結果，前後兩年的時間，我天天帶牠到獸醫院，總共花了我二十多萬塊的錢，結果還是沒有把牠醫好。獸醫說，他看過好多人帶著流浪狗、流浪貓來醫院醫腳的，但是最多三次就放棄了。」

「你想想看在那一世裡，你偷走了所有的家當而逃，所以，在這一世裡，你花了那麼多錢去治療牠，這也是應該的。我很想知道的是，這隻貓現在怎麼樣了呢？」全場的人都被貓的故事給吸引住了。

「牠現在在獸醫院裡，我朋友說，他沒看過像我這樣的人，所以無論如何，他都不能再收我的錢。有人說大陸有一種可以植皮長肉的藥，我也是照樣花錢去買，但是並沒有效。我這個獸醫朋友還答應我，說他一定會好好照顧這隻貓，直到牠死亡爲止。」

「我建議你有空還是要多去看看牠。」

「我一定會去看牠的！另外，比較困擾我的是，我救這隻貓，到底是對呢？還是錯呢？」

「爲什麼你會這麼想呢？」

「因爲，如果我沒有救牠，沒有帶牠去看醫生，那麼也許牠早就死了，這兩年來也不用再多受那麼多的折磨。」

「我一再的強調，當債權人想要債，想要來報仇的時候，同樣的，他自己也必須要付出某些代價。另外我們也可以假設，這個過去世的女人，是附身在這隻快要死的貓身上，類似一般所謂的借屍還魂，只是她附上去之後，想要退出來，可就不是那麼容易了。」

*現世的警察

「我想知道我二兒子和他太太的因果。」問話的是一位五十多歲的婦女。

「我看到的畫面有三個，第一個畫面是一個男人拿著一個空酒瓶在裝酒，他的旁邊有一個女人在笑。祂們說這兩個人是夫妻，也就是說在某一世裡，你兒子和你媳婦的關係還是一對夫妻，男的還是男的，女的還是女的。他們並不是在製造假酒，他們是在酒裡面再加一些水，也就是說酒的純度就沒有那麼高了，那應該說是稀釋。」

「第二個畫面，我看到那個男人在數鈔票，太太還是站在旁邊，兩個人都笑得很開心，原來那些酒賣了很多錢。也就是說這對夫妻的工作分配是，太太負責稀釋酒，而先生負責把稀釋過的酒裝入空瓶內。」

「我看到了這個女人被抓，原來先生去告密，告訴警察他的太太做了不法的事。當然了，警察不會告訴這個女人是他先生告她的，而這位太太因為不知道是先生告她的，所以也站在保護先生的立場，沒有將先生共同犯罪的事實老老實實的供出來。結果太太被抓去關起來了，而先生卻拿著賺來的錢和外遇的對象遠走高飛。」

「這很清楚嘛，你兒子不但欠你媳婦的錢，還欠你媳婦的情。」

「我兒子是一個警官，還是警大碩士畢業的，長得又高又帥，又會念書，我就常常講他嘛！長得那麼高、那麼帥，條件又好，有什麼用呢？什麼人不好娶，偏偏娶這個老婆。我媳婦是個又矮又醜又胖的女人，可是我兒子說他怎麼甩她都甩不掉。以前我兒子還在警大念書的時候，只要是放假的日子，她就會站在校門口等我兒子出來，後來我兒子怕了，還得從側門搭同學的便車，偷偷的溜出來……」

「現在，他們在外縣市買了房子，可是媳婦卻不喜歡我兒子和我們聯絡，都不讓他回我們家。再說我兒子現在的薪水，每個月東加西加的也有七、八萬塊錢，可是必須全部交給太太，連他自己的零用錢都必須伸手向老婆要，等用完了才可以再要。」

「沒辦法！誰叫你兒子在過去世裡欠那個老婆，又欠錢又欠情的。」

這是通靈人的悲哀，我實在是沒有辦法「將心比心」的去體會當事人的苦惱，實在很難站在一般人的角度，來看待這些在這一世裡像是「受害者」的當事人。我根本就沒有辦法同情或諒解他們的處境，因爲在我眼前所呈現的，全都是在過去世裡，曾經被人欺負、壓迫的「另一個當事人」。

也許就因爲如此，所以在日常的生活中，我看待人、事、物的態度和常人差距很大。別人以爲的大善人，也許是我畫面中的強盜；別人以爲的大壞蛋，也許是我訊息中最悲慘的受害者……。爲什麼我非得訓練自己、強迫自己要「隨時放空」，這應該也是主要的原因吧！

我並不擔心自己和別人有什麼不一樣，因爲只要我自己能習慣就好了，我害怕的是，我的書籍或我的論點誤導了別人，誤導了哪些人呢？第一，一些想做壞事的人，他也許會爲自己的錯誤行爲找一個最佳、最有利的藉口，那就是「活該！一定是他前世欠我的吧！」第二，一些想修行卻又走火入魔的人，他也許自我催眠，進入幻想的境界而不自知，卻逢人就說：「我的經驗和陳太太的一模一樣。」因爲我知道有很多的修行團體，拿著我的書當成教科書在看待。

我想助人，卻也在不知不覺中間接害了一些人，這一世裡的這個「因」，到了未來世我得償還嗎？想想，實在是很可怕的問題，因爲我知道假藉宗教之名做壞事，所該受的報應絕對是乘以二來計算的。

*兄妹的故事

「我想知道我和哥哥的因果。」這是在台南的一場大型演講，地點是在台南市社教館三樓的國際會議廳，那天的人數大約有一百六十人左右，最特別的是每個人座位的前面都有麥克風。一開始時，我先把因果輪迴轉世的基本運作模式介紹給大家，然後再讓他們發問。

不過我也提出相對的要求，我希望這些有機會發問的朋友，在我說完因果故事之後，能夠利用麥克風讓全場的聽衆認眞的思考一下，是不是這一世當事人所面臨的狀況，會受到過去世他們之間所造的「因」的影響，也順便印證一下，我所統計出來的基本因果概念到底對或不對。這對所有的來賓而言，一定是很新鮮的體驗，對我而言，卻是天大的挑戰。

因爲，十多年來我所統計出來的因果概念到底是對？是錯？即將見分曉。如果不對了，我是自拆招牌，當場就下不了台；如果有那麼一點點對，那也不值得驕傲，只能說是有點僥倖吧；如果絕大部分都可以套用我先前所講的因果觀，那麼我應該要謝謝所有這些發問的朋友，因爲他們的發問與回答，讓所有在場的來賓見證了因果輪迴轉世的存在。

我看了一下因果，我問：「妳要不要替妳哥哥還錢呢？」「要！」

「那就好了！恭喜妳！妳欠妳哥哥，妳在還債而已。」這一場演講中，我說了好多次的「恭喜」，是啊！不管天有多長地有多久，既然是欠了債，就得還債。不管是「欠命還命」，還是「欠情還情」、「欠錢還錢」，再怎麼轉世都是躲不掉的。在這一世裡有機會可以還債，早一天還早一天了事，當然值得恭喜了。

「妳和妳哥哥在過去世裡是一對夫妻，他是先生妳是太太。我看到的畫面是妳在收拾家中貴重的物品，然後離家出走不再回來了。原來，妳和先生相處得並不是很愉快，恰巧這個時候有一個風聲說妳的先生有了外遇，於是妳利用這個機會把家中的細軟收拾妥當就走人了。妳錯在哪裡呢？妳錯在根本就沒有查證，也就是說，妳根本就是利用先生外遇這個藉口離家出走。妳以爲沒有錯，可是就算先生眞的外遇了，妳也不應該把家中的貴重物品一併帶走。所以在這個因果故事中，起碼妳是欠了妳哥哥錢的，欠錢就得還錢，這麼簡單而已。」

「等一下，妳欠的不應該只有金錢而已，大家想一想，她還欠了什麼呢？在這個因果故事中，哪裡還出了問題呢？」

「對！既然他們是夫妻，那麼做妻子就有做妻子該盡的義務，她莫名其妙離家出走，那麼就自然會欠先生情了。這個欠情還情又該怎麼還呢？」

這時的我，腦中突然閃過了一個念頭，唉呀！那一世有一個太太，這一世如果又有一個太太，那麼兩個太太搶一個先生，不出問題才怪！

這個道理說來話長，但是我還是得說明一下。

假設兒子和母親在過去世裡是夫妻的關係，兒子是先生，母親是妻子；另外在這一世中，兒子也娶了太太，那麼就是一個先生面對過去世和現在世的兩個太太。這個時候，這一世的太太一定很累，因爲在先生的眼中，婆婆永遠排第一，做太太的一定很難勝得過婆婆。

想想，在過去世中，如果說那一對夫妻相處了十年就好了，到了這一世他們變成了母子，起碼又先相處二十多年之後，這一世的太太才出現。算一算，相處的時間最少也相差了三十多年。如果在過去世又是恩愛夫妻轉世來變爲母子，那麼在這一世裡，這個做媳婦的再怎麼努力都很難贏過婆婆。如果在過去世的某一世裡，這個做媳婦的又是欠先生，或者是欠婆婆的話，那……日子可想而知了。當然了，擁有兩世太太的這一個先生也夠倒楣了，夾在兩個女人之中，日子也好不到哪裡去。

再換個角度，如果過去世裡的夫妻在這一世裡還是兒子和母親的關係，而這一世裡的另一個男人，也就是這一世裡的先生，他的命運又可能如何呢？這時候，三個人的角色就變成了兩個先生搶一個太太。如果過去世裡的夫妻是因爲善緣而來轉世，那麼這一世裡的先生如果對太太不是很友善的話，這個做兒子的一定會出面干涉。也就是說往往會出現這樣的情形，就是先生會比較聽兒子的話，兒子有可能很會管爸爸。

很奇妙的關係吧！前面的這種情形，我並沒有解釋的很詳細，如果再研究彼此之間到底是因爲善緣還是惡緣來轉世的話，那麼討論起來就會更複雜了。各位讀者自己可以動動腦加以分析一下。

其實，人與人之間的相處就是這麼一回事而已，也許有緣也許沒緣，有緣的話也許是善緣也許是惡緣，有關係嗎？仇人見面份外眼紅沒錯，但是當你了解了因果的基本道理之後，人與人之間還會很難相處嗎？日子還會很難過嗎？

如果喜歡對方就「愛」對方多一點，那也許是過去世的善緣來轉世，多愛對方就可以繼續累積這個善緣，說不定還有機會在未來世碰面。如果討厭對方就「更應該愛」對方多一點，因爲那也許是過去世的惡緣來轉世，再多愛對方一些，就可以把這個債務償還掉，在未來世中就可以不用再碰頭了。

可是，又怎麼知道「愛」得剛剛好呢？又怎麼知道已經歸零了呢？如果愛仇人愛得過頭了，那麼又該怎麼辦呢？那更沒有關係，因為你已經從負的分數往正的方向走，走向零、走過零、又繼續向正的分數前進了。如果這一世你死了，你不想和這個原來你覺得是仇人的人繼續在下一世碰面的話，你只要和老天爺說一聲：「我施恩不求報，多還的我也不想再要回來了。」那麼老天爺絕對會如你的願。

又扯遠了。

「妳哥哥結婚了嗎？」

「結婚了。」

「他和太太好不好呢？」其實我想問的是：「妳和嫂子處得好不好呢？」

「嗯……」她支吾了一下。

「我哥哥他離婚了，他們的兩個小孩我在帶。」

＊銀行行員

她的第一個問題是：「我現在在外面有一些債務人，你說我有沒有辦法把這些債權收回來呢？」

「等一下，妳說什麼債權、債務，我聽不懂，我都還沒有調資料，妳怎麼知道妳是債權人還是債務人呢？我被妳搞糊塗了。」

「我姊姊的意思是說，她有借錢給一些人，這些人就是她的債務人，而她當然就是債權人了，她要問老師，她有沒有辦法把這些別人欠她的錢要回來呢？」

「通常有人問到這種問題，我都會先解釋一下，其實也不必調什麼過去世的資料就可以知道答案了。想一想，如果是過去世妳欠別人的，那麼在這一世裡想要拿回來就很難，再想一想，現在景氣這麼差，借了錢給別人，最後還能夠要回來的，畢竟少之又少。所以我的答案絕大部分是不容易要回來的。」

「如果是這樣，那麼就不要打官司了。」她可眞大方，這種債權人不錯。

「不行！妳怎麼知道到底是不是前世妳欠對方的，再說就算我調得到資料的話，妳又爲什麼一定要相信我說的因果故事一定是正確的呢？妳有辦法去印證嗎？千萬不要這麼迷信！如果不是前世妳欠對方的，那麼妳要怎麼辦呢？好了，就算是欠，妳又怎麼知道到底是欠了多少呢？如果妳不去法院告他們的話，他們就不會反省，不會警覺自己的不對，那麼妳就是阻礙了別人的成長，這會變成妳在這一世裡造成的惡因。所以我還是建議妳，最好去法院告他們，但是妳自己的心裡要作最壞的打算，也就是說，可能一毛錢都要不回來。」

一輪之後，她的第二個問題是這麼問的：「我想知道我和我二哥的因果。」

「我用現在的情形來解釋好了，這樣大家比較容易進入狀況，才容易聽得懂。我看到妳在做假帳，爲什麼我會說妳在做假帳呢？因爲我看到一個類似現在銀行的櫃台，妳低著頭、拿著筆，好像是在寫字的樣子，旁邊沒有任何一個人。我的畫面只有這樣，但是訊息告訴我說，妳是銀行裡的職員，正在盜用客戶的存款，這個被盜用的客戶，就是妳這一世裡的二哥。故事就是這麼簡單而已！」

「老師！妳說對了！我姊姊的錢，全部都是經由我二哥的手借給他的朋友。」坐在旁邊的妹妹又等不及了。

好一個「欠錢還錢」的最佳範例。

＊傳子不傳媳

一位年約六十多歲的老婦問：「我和兒子的因果。」她只有一個獨子。

「我看到一個賣肉的，可是這個故事有點奇怪。這一個賣肉的很有名，生意很好，他生意很好，是因爲刀工很厲害，在這一個地區，只有他知道每一個不同部位的豬肉該怎麼切法，料理出來的每一道食物才會好吃。可是他卻有一個特別的觀念——傳子不傳媳。其實這也很正常，很多人都有這樣自私的想法，總是害怕獨門絕活被外人學走了，自己就沒有好日子過了。」

「這個賣肉的只有一個獨子，偏偏早死，留下了媳婦和一個孫子和他一同居住。剛剛我不是說了嗎？他只傳子不傳媳，兒子死了，他就變成了傳孫不傳媳，可是孫子還很小，根本就還沒有辦法教。我看到的就是這個賣肉的很專心在切豬肉的樣子，而他的媳婦躲在後面偷看的畫面。這個不被重視的媳婦只是想到，如果公公也死了，那麼她該怎麼辦呢？於是她才會躲在暗地裡想要偷學公公的那一套刀工。故事完了，就這麼簡單而已。那個賣肉的就是妳，而那個媳婦就是妳這一世裡的兒子，也就是說在過去世裡妳是男的。喔！如果這樣的話，那麼在這一世裡妳的個性一定很男性化，很固執，是不是這樣呢？」坐在她左右兩旁的兩位年輕女士拚命的點頭。

「在這個因果故事裡，看起來沒什麼誰欠誰的問題，可是仔細想想那裡出了問題呢？想想，這個賣肉的未免太自私了點吧！傳子不傳媳也就罷了，可是兒子都已經死了，自己也不知哪時候斷氣，如果他眞的關心孫子的話，就應該把這一套功夫傳給媳婦，讓媳婦再傳給孫子，否則他提早走的話，那麼這一對母子不就完了嗎？我的意思是說，老天爺絕對看不慣這種沒有肚量的人。所以在這一世裡，會怎麼樣呢？大家不妨想想看。」

我學會了，讓大家多動腦一下，可以增加大家對因果輪迴轉世的基本運作有更深一層的認識，藉此我也可以省掉很多的「不準」，反正我只是個翻譯機器，只要負責把老天爺提供的過去世畫面，忠實的表達出來就好了，實在沒有必要再「瞎猜或預測」，猜猜當事人可能會因此而產生的結果。如果我說錯了，那麼對方一定會說我不準，何必呢？我也很「聰明」，會保護自己，爲自己找退路。

「你的意思是說，她的兒子就不用照顧媽媽了嗎？」有人問道。

「既然這個賣肉的沒有把媳婦看在眼裡，也不管她的死活，那麼在這一世裡，這個做兒子的，就可能不會像一般人那樣照顧父母，也就是說做兒子的根本就沒有欠父母，如果他不孝順也是正常的。結果在這一世裡他怎麼樣了呢？」這是一場自辦的座談會，在座的都知道實情，只有我在狀況外。

「喔！她的兒子已經死了！」

「啊！」怎麼會是這樣的答案呢？「沒有肚量」在老天爺的標準裡居然會是這麼嚴重的惡因嗎？這眞的值得我自己作爲警惕！

*小老婆

好幾個朋友一起來參加座談會，她是第二個發問的，想知道她和先生的因果。

「完了！我看到妳是個小老婆，可是卻很神氣的叫大老婆跪在妳面前，似乎過份了點，搶了別人的老公不打緊，還虐待人家。我還看到妳把大老婆趕出去，霸佔了他們家的財產。如果因果是這樣的話，那麼妳完了！妳是欠命欠情又欠錢。」

「爲什麼呢？因爲妳虐待她，傷害了對方的身體，就是欠命；她是大老婆，跟妳生活在一起，就像家人一樣，妳欺負了她，就一定欠情；除此之外，妳又把她趕出去，霸佔了屬於她的財產，那麼也一定欠錢了。妳是小老婆，而妳先生就是那個大老婆。到了這一世妳就有可能被妳先生虐待，賺的錢也要統統被他拿去花用。」

「陳太太，我們老闆娘就常常被老闆欺負，被老闆打，妳看她身上還有一大堆傷痕。」一旁的女士說話了，原來這幾個一起來的人，是老闆娘和員工的關係。

「可是我不擔心這些，我看到在過去世裡，這個大老婆被小老婆趕出去之後，小老婆還叫她自己的幾個朋友去輪暴她，害得這個大老婆因為羞憤而上吊自殺死了。所以我擔心你先生的朋友可能會欺負妳，妳要小心一點。」

「哈哈！陳太太妳猜對了，妳看！我們老闆娘昨天就是被老闆的朋友打得變成這樣。」員工們七嘴八舌的搶著說明。仔細一瞧，唉！可憐的老闆娘。

「不過我要提醒妳，因為妳害死了大老婆，所以一定還妳先生一輩子。」

「可是我們已經離婚了，而且我所有的錢也都被他拿光了。」

「沒有用的！就算離婚，他也一定會繼續來騷擾妳。」

「對！他們兩個早就離婚了，可是老闆還是一天到晚來找老闆娘的麻煩，想盡各種辦法凌虐老闆娘。可以用幾個字形容，就叫做極盡凌虐的本事。」

＊另類的欠命

「我想問我和先生的因果關係。」

「妳先生會不會管妳很多？」

「會。」

「會不會打妳?」

「不會。」

因果故事:在過去世裡,太太是個男的,先生是個女的,兩個人住在同一村莊,從小就指腹為婚。這是比較近一點的年代,大概是高中生的年紀,兩個人讀同一所學校,但並不是同一班。放學了,女生走在前面,男生距離她大約五公尺遠,突然男孩叫住女孩,女孩停下腳步,男孩走了過來,啪的一聲就打了女孩一巴掌:「誰叫你在學校跟那個男生說話!」被打的那個女孩什麼話也沒有說,只是低下頭,默默的承受這突來的一切。原來,只要這個男生在學校看到女生和別的男生說話,不管當時他們發生什麼事,說了什麼話,當天在回家的路上,男生一定會打女生一巴掌。

後來他們結婚了,男孩的作風依然如此,管太太管得非常嚴格,不准太太隨便外出,女孩只好乖乖的待在家裡做家事。雖然她心中非常不滿,卻不知道該如何反抗先生,總以為當個女人就該如此,所以逆來順受過了一生。在因果的運作模式裡,當你限制一個人的行動自由時,就等於是傷害對方的身體,所以這個因果故事是屬於欠命還命的一種。

「妳是在說這一世裡的故事嗎？」

「我聽不懂妳的話。」

「因爲這一世，我先生就一直在限制我的行動，他都不准我隨便和別的男人講話。」

「誰叫妳在過去世管他那麼多，他也只不過是讓妳自己嘗一嘗他當時的感受而已，沒什麼大不了的。」

「可是我們已經離婚了，他還是限制我的自由。」

「妳想一想，那一世妳限制他一輩子，所以這個因果其實是滿重的！我問妳，你們兩個人離婚，是誰先提出來的呢？」

「是我先提出來的。」

「那就對了，在因果裡，如果一對夫妻想要離婚，必須是因果故事中的債權人，才有權利提出，因爲債權人有絕對的優先權。債權人提出來之後，債務人簽字，那麼才比較容易離得乾淨，不會有雜七雜八的事情牽扯不清。如果是債務人提出來，債權人往往不會同意、不會簽字，就算他勉強簽字了，也常常會有後遺症。像妳的情形就是這樣，妳是債務人，妳沒有權利提出離婚的要求。」

「可是，我現在有別的男人想要追求我。」

「那我要警告妳，雖然妳離婚了，如果妳想交男朋友，他一定不會輕易的放過妳。因爲在過去世裡，你們還沒有結婚的時候，他和別的男孩子交談，妳就賞他一巴掌，所以在這一世，如果妳想交男朋友的話，小心！他一定會給妳好看的。」

「對！他警告我，如果我交男朋友的話，他就會殺我。」

「那絕對是有可能的。」

*天上掉下來的懲罰

這個因果故事也未免太玄了。

「我媽媽死了，是意外死的，我想知道她是不是有什麼事沒有交代。」

「這種問答我最容易回答，因爲根本就沒有辦法印證我說的對不對。」「妳媽媽是不是很會算？是不是比較有數字觀念？」

「沒有！」我眞正想說的是：「妳媽媽是不是比較會斤斤計較？」

「妳媽媽是不是比較會記得別人欠她什麼東西？」

「不會！」

「妳媽媽是不是常常會幫助周遭的人？」

「我媽媽人很好，常常會幫助身邊的人。」

「雖然妳這麼說，但是我很難印證。在某一世裡，妳媽媽是個男的，長得還滿高大的，住在市場裡，他的工作是負責收各攤販的管理費，然後再找清潔工人來處理各攤販的垃圾。問題是他太會計較了。每個攤販固定收費二十元，假設只能清理二十公斤的垃圾，如果超過二十公斤的話，他就會把超過的垃圾另外打包，丟回去給那個攤販的主人。那些清潔工人都沒有抗議必須多收垃圾，偏偏這個管理員在計較垃圾的重量。我們可以說他很負責，可是有點不近情理，如果有的攤販沒有超過二十公斤，那又該怎麼算呢？他並沒有退費給別人啊！再說，如果同一個攤販，昨天十八公斤收二十元，今天也收二十元，垃圾二十一公斤就被丟回來一公斤，那又要如何計算呢？」

「所以在那一世，妳媽媽在市場裡的人際關係很不好。」

「我媽媽是在市場裡被掉下來的磚塊打中頭部，當天就死了。」

「啊！」我自己被嚇呆了。

「我還以爲是我看錯了，因爲中午我到對面的市場裡吃麵，剛好碰到垃圾車到市場收垃圾，爲了讓路給垃圾車通過，我還繞了路。剛剛我看到的畫面，就是有人在市場裡打掃，另外有一個人正在丟一小包垃圾給攤販的主人。我還以爲把自己黑盒子裡，屬於中午的畫面給調出來了。再看一眼，沒有錯啊！因爲中午的時候，我並沒看到有人在丟小包垃圾。那個丟小包垃圾的動作，很大力也很不禮貌，像這個樣子……。」我隨手做了動作。

「對了！那個磚塊是怎麼掉下來的？」

「是被風吹下來的，那一家人在曬被子，利用磚塊壓住，沒想到磚塊被風吹了下來，打到我媽媽的頭部。」

「爲什麼我會這麼問呢？因爲在過去世裡，妳媽媽的行爲眞的是過份了一點，而市場裡的人，在死後統統原諒了這個管理員，他們不要管理員還債，所以就不用和妳媽媽一起來轉世。如果是這樣，那麼妳媽媽的命運就會走到——天譴、劫數，也就是說，由老天爺接手處理，因此就沒有眞正的債權人。曬棉被的那家人，事後又怎麼解釋呢？」

「他們說，他們並沒有錯，所以不用賠償，我們正在打官司。」

「因果如果碰到法律，很奇怪的是法律會輸，爲什麼呢？因爲因果是建築在過去世的法律基礎上，換句話說，因爲過去世的事情發生在先，這一世的事情發生在後，所以因果會贏，法律會輸。」

「我想問我的工作。」這是她的第二個問題。

「妳的工作沒有問題，很好啊！」

「是的！我只是沒有結婚而已，我的工作很好、很順利也有很多貴人幫助我。」

「很簡單！影響妳工作的因果，就是和妳媽媽同一世的故事，一樣是在市場裡，妳是清潔人員中的一個。妳覺得那些攤販很可憐，於是妳瞞著管理員，偷偷的把那些被他丟回去的超重垃圾再收回來處理，所有的攤販都很感激妳。」

＊生離死別

她想知道她和先生的因果。她是一位年約四十多歲的婦人，氣質很好，穿著也很得體。

「我看到一輛馬車，妳是一位貴夫人，妳先生也是個女的，在那一世裡他是妳的丫鬟。時局變壞了，就好像大陸淪陷時的場面一樣，妳必須從大陸逃難到台灣，而且很可能是一去就不回頭。妳需要一個工作上的助理，也需要一個服侍妳的丫鬟，於是妳挑中這一世是妳先生的這個丫鬟兼助理。兩個人就坐在馬車上，妳在右手邊，靠路旁的這一邊，丫鬟坐在妳的左手邊。丫鬟的一大群家人，全擠在馬車的右手邊，很心急的伸出雙手，想越過貴夫人拉丫鬟下車。他們一個個都捨不得讓女孩到遙遠的地方去，因爲這一去可能再也見不到面了。自私的貴夫人爲了自己，只好一再安慰丫鬟的家人：『你們放心好了！我一定會好好對待她的！』馬車急駛而去，留下哭泣不已的家人。到了台灣之後，妳是很照顧丫鬟沒錯，但是這個離鄉背井的姑娘，卻再也見不到她的家人。當初離開大陸的時候，妳並沒有徵得她的同意就硬把她帶出來，害得她和家人生離死別，所以在因果上，這是屬於欠情的一種。」

「如果一對夫妻的因果關係只走到情，不管是欠情，還是報恩情，都很容易走到離婚的下場。爲什麼呢？因爲夫妻關係的基礎太薄弱。如果欠情再加上欠錢，假使要離婚，可能就會因爲錢財的問題而條件談不攏。如果是欠命的話，因爲欠命是很嚴重的，所以一走到欠命，欠情欠錢都必須跟著一起走，那麼要離婚就更難了。所以我提醒妳，妳有可能會離婚。」

「我已經離婚十多年了。」

座談會結束之後，這位婦人把我拉到一旁：「妳剛剛說的生離死別，我這一世也體會到了，在我離婚後的第一年，我帶兩個孩子到美國找我妹妹玩，沒想到要回國的時候，兩個孩子居然對我說：『媽媽！我們想留在美國，不想回台灣。』那時候的我，眞的就像是生離死別一般。從此以後，孩子留在美國，我卻一個人回台灣賺錢，然後再寄錢到美國，供他們花用。」

＊縱火（一）

「謝謝妳來參加座談會，因爲我終於碰到一個縱火的案例了。」

「在過去世，妳是個男人，爲了某些事情和鄰居起爭執，結果你蓄意縱火，把鄰居的房子給燒毀了，還好沒有人傷亡，因爲你是趁著大夥兒外出的時候縱火。雖然沒有人傷亡，但是，你卻是故意這麼做的。因果故事中的行爲如果是故意的，那麼該負擔的果報絕對會加重。如果我說的因果故事是正確的話，那麼當妳離婚的時候，起碼要把房子給他。」

「豈止是把房子給他而已，我離婚的時候，連車子都給他了，可以給的我全給了。」

「現在社會上有很多人蓄意縱火，造成一大堆人傷亡，還有財物的損失，這些縱火者到了未來世，又該怎麼還債呢？」朋友們有感而發。

「如果有人因此而死亡，債權人親自來要債的話，那麼縱火者每輪迴一世，就只能還一個人而已。」

「還有一個問題，爲什麼我的錢老是存不住，雖然我每個月都賺很多錢，可是總是會有人來向我要錢。」

「你想想，你把別人的房子燒毀，不但房子的外殼受損，房子裡面的東西也毀了吧！再者，住在這間房子裡的人，又該如何向你要債呢？既然你先生是房子的屋主，那麼他的家人，你也該一起償還吧！也許這一世裡，他的家人未必就是那一世裡的家人，但是因爲碰到了你先生，所以，當他的家人向你要東西的時候，你自然會心虛地給他們。這是一種連帶責任，殃及其他的運作模式根據（請參考頁一〇三「殃及其他」）。」

「怪不得，我做得要死，租金收入卻是公公在收，被責罵的人也是我。還有我的小姑、小叔們，也會一天到晚向我要這個、要那個的。」

「我常常笑說，天無絕人之路。如果你在過去世裡欠別人錢，那麼在這一世注定的命運中，就一定要還別人錢。既然要還別人錢，老天爺就讓你賺得到那麼多錢，但是自己卻享受不到，一定會被債權人拿走花掉。如果你是屬於欠命的，那麼通常你的身體會很好，因爲在這一世裡，你這個債務人必須要照顧債權人的身體。既然你是被處罰來照顧別人的身體，老天爺就一定會給你一個不錯的身體。」

*縱火（二）

一樣是要問先生和她的因果，一樣是故意縱火，只是，有人死了。

「過去世裡，你和先生的關係是兄弟，妳是弟弟，先生是哥哥。兄弟兩人的父親過世後，家產平均分配妥當，可是弟弟卻因爲好賭，把自己那份財產花光，又回過頭來找哥哥要，哥哥不理會，弟弟一氣之下，故意縱火燒死了哥哥。一對夫妻，如果是兩個男人來轉世，那麼在這一世裡，轉世爲太太的那個人，往往個性會比較強。反過來，如果是兩個女人來轉世當夫妻，在這一世裡，轉世爲先生的那個人，往往個性會比較弱。」

「請問妳先生會不會怕火？」

「不會！我和我先生認識好多年才結婚，直到結婚那個晚上，我才發現我先生的後背有個很可怕的痕跡，就像是被火燒過的樣子，我問他原因，他說那是胎記，從小就有，是天生的。」

「如果眞是這樣，那麼我調到的因果故事可能就是正確的，這是屬於欠命還命的一種，更何況妳還是惡意縱火。因果故事的發生如果加上故意，一定會加重它的果報。像這種害死一個人的報復方式可能會有三種，一種是以牙還牙，一種是冤冤相報，最多的一種，就是由老天作主，至於妳先生會採取哪一種方式，這不是我事先能夠知道的，所以，我建議妳最好爲妳先生買意外險和醫療險，未雨綢繆。」

「我能夠肯定的是，不管是哪一種方式，妳都必須還一輩子，所謂一輩子，就是指必須等到其中一個人死亡才算結束。偏偏先死亡的人，往往是債權人，因爲債務人必須還債，不管是照顧債權人，或親自嘗嘗過去世裡債權人本身或他家人的感受。總之，先離開人世的，往往還是過去世裡，那一個先死亡的債權人。」

*自閉症

在過去世裡，爸爸是體育老師，這一班的學生大約是國二的年紀。兒子是他的學生，不過，卻是全班個子最矮的一個，看起來就像個小學三年級的學生。這是一堂立定跳遠的體育課，全校的學生正在比賽，我看到這個小不點很努力的往前跳，可是成績實在是慘不忍睹，全班的平均分數被他整個拉了下來。體育老師非常生氣，從此以後不准小不點上他的體育課，罰他站在操場的一個小角落裡，遠遠地看著大家上體育課。至於每學期末的體育成績，老師一定是給他六十分，直到國三畢業。

在這一世裡，兒子患有自閉症，父親想盡各種辦法，只希望兒子能夠像正常的孩子一樣。可是，事與願違。

＊惡作劇

她想知道二十三歲大兒子的身體。

在那一世裡，媽媽是弟弟，年約十五、六歲，這一世裡的大兒子是那一世裡的哥哥，年約二十出頭，是個書呆子。

有一天，喜歡惡作劇的弟弟大喊：「天啊！失火了！趕快跑啊！」正在看書看得入神的哥哥被弟弟這麼一喊，拔腿就跑，沒想到被門檻絆了一大跤，往前重重地摔下去，額頭和鼻子受了重傷。

「妳兒子的身體怎麼了？」「他的頭部有問題，鼻子過敏得很厲害。」

「如果是因果病，通常會在身體的同一部位出問題，所以，我只能告訴妳，妳兒子身體的哪一個部位可能會出問題，可是，我沒有辦法知道在這一世裡他到底會得什麼樣的疾病。」

「喔！我兒子的病，無法自理，我要照顧他一輩子嗎？」

「對！欠命是最重的，一旦走到欠命，就得照顧他的身體，連欠情、欠錢都得跟著走。」十五、六歲孩子的惡作劇一定是故意的，因果的懲罰也一定會加重。我已經不忍心再問她兒子的病情究竟如何。

＊搶劫運鈔車

先生問他自己和妻子在過去世裡是否有因果關係。

某一世，先生是個開運鈔車的司機，太太則是個搶劫運鈔車的匪徒。搶匪傷了司機之後，再把運鈔車裡的錢給全部搶走了。

「如果照訊息來解釋的話，太太欠先生，照理說你太太應該要對你很好才是。」

「我的學歷比太太低，也只是個計程車司機而已，可是她對我非常好，連她的家人也都對我很好。」

「可是在那一世裡，她不只是傷害了運鈔車的司機，她還搶了錢，所以在這個因果故事中，牽涉到了兩個因果債，一個是匪徒傷了司機，也就是你太太欠你的，另一個是匪徒搶了運鈔車裡的金錢，也就是你太太欠金錢的所有人。我的訊息裡，那部運鈔車就類似現在公家銀行的運鈔車，如果以台灣而言，就好像是中央銀行或者是台灣銀行的運鈔車。根據我所了解的一般因果法則，照理說你太太在這一世裡還必須償還公家銀行的錢。」

「那我完全明白了，我也知道我該怎麼做了。不瞞陳太太，我們在南投有買一間房子，平常是租給別人，而房子的所有權人就是我太太。這一次的九二一大地震，我們的房子全倒，政府雖然補償了我們二十萬，可是我們卻還欠銀行三百萬元的房屋貸款，房子的貸款銀行就是台灣銀行。我回去之後會想辦法把我開車所賺來的錢重新好好分配一下，欠台灣銀行三百萬元的房屋貸款我一定會替我太太繳清的，因爲在這一世裡，她眞的對我非常好，我不想看到她下輩子還必須爲了償還銀行貸款的因果債務而受罪。」

一個好有心的先生，這個太太眞幸福。

＊老天沒眼嗎？

「我想知道我和我三姊過去世的因果關係。」一位年輕的男士問。

「故事裡有三個人，一個是員外，一個是女總管，一個是丫鬟，你是丫鬟，你三姊是女總管。在那一世裡，你這個丫鬟的動作比較差比較慢，老是跟不上別人，員外一氣之下，就叫女總管趁著天黑，把你推到自家後面的古井內。沒想到，你命大居然沒死，還利用吊水桶的繩子救了自己，爬出古井逃出員外府。丫鬟逃出去之後，心有不甘，於是一天到晚對外放話，她是被女總管推進古井的。可是大家都不相信丫鬟的話，因爲員外待人很好，沒有人相信員外會縱容屬下，做出這種傷天害理的事。丫鬟非常氣憤，常常對天問道，老天爺！難道你眞的沒長眼睛嗎？」

「故事講完了，這是屬於欠命的一種。你現在有什麼問題嗎？」

「可是，我姊姊的腦部有問題，都是我媽媽在照顧她。」

這個答案，倒是出乎我的意料之外。我會調資料、會說故事，大略知道因果運作的模式，可是不見得會知道這樣子的因一定會有什麼樣子的果。和所有讀者一樣，我也很好奇

「果報」會是什麼。他的答案，是否一定能夠印證我所推演出來的「因果運作模式」呢？各位讀者不妨動腦想一想，如果你是我，該如何為自己找台階下呢？

我所過的日子就是這樣，一場接一場，一個故事接一個故事，赤裸裸的站在眾人面前，硬著頭皮面對自己所調出來的資料。我的通靈能力，十多年來一點進步也沒有，可是我的口才卻進步不少。那不是耍嘴皮的成績，而是我有心整理各位的因果故事所累積出來的經驗。調資料、說故事，對我來說實在是很容易的一件事，如果要把它公式化，就得花點腦筋。

可是，如果想利用因果故事讓對方有所反省、有所成長的話，那我非得訓練自己的口才不可。如果想要在眾人面前「公開表演」，好讓更多人有所警惕、有所覺悟的話，那我又該如何呢？除了全神貫注之外，還得時常調整自己的邏輯觀念，訓練自己的反應能力。

想出來了沒有？因果運作模式可以套用嗎？如果可以的話，你該如何解釋呢？這一題滿難回答的！（這個故事一定可以套用，我說過我是選擇性的遺忘，能夠記得的故事一定是準的，不準的，我一定不會寫出來。）「記得嗎？我曾經說過，如果掉到水裡溺斃，那麼在轉世的時候，他的身體可能會有什麼後遺症？對！呼吸系統可能會比較差，再加上缺氧的關係，腦部就容易出問題。可是，為什麼不是你自己生病？而是你姊姊的身體出問題呢？不妨回頭再想一想我剛剛所說的因果故事。」

「那個女總管把丫鬟推到古井裡，她以為丫鬟一定會溺斃，所以才會掉頭就走人，因此，在債權債務的判斷上，我們必須認定這個丫鬟會死，只不過她很幸運，自己拉繩子救了自己。既然是認定害死一個人，那麼就是欠命，而且還是屬於欠一輩子的欠命。你是債權人，你三姊是債務人。」

「如果那一世你死之後，原諒了女總管，那麼你就不會和你三姊一起來轉世，也就是說，當債權人原諒債務人之後，老天爺才可以插進來接手。祂們會利用天譴與劫數的因果運作模式來處理這件事，盡量想辦法讓債務人在這一世裡，親自去嘗一嘗當時債權人的感受。」

「既然這一世裡兩個人又碰在一起，那就表示在那一世你死了之後根本就沒有原諒你三姊。照理說，如果債權人不原諒債務人，那麼在欠命的前提之下，債權人親自來要債的話，他自己就得帶著病痛，請債務人在這一世裡，親自來照顧債權人的身體病痛。可是為什麼不是你生病呢？因為你根本就沒有溺斃，所以生病的人，當然不能是你，可是為什麼會換成是你三姊生病呢？原來你媽媽就是那一世裡的員外，員外叫女總管去害丫鬟，丫鬟直到死了之後，看到黑盒子裡的錄影帶，才知道元兇居然是員外。」

「你聽懂了嗎？那一世你死了之後，並沒有原諒員外和女總管，於是根據因果的運作模式，你就得自己來要債。員外害女總管犯罪，那麼員外是債務人，女總管是債權人；女總管推你入井，女總管是債務人，你是債權人。老天爺就讓女總管親自嘗一嘗當時你的滋味，再讓當時害了她的員外來照顧她。至於你在這一世裡要扮演什麼樣的角色呢？你不是罵老天爺沒有長眼睛嗎？所以祂們決定讓你自己親眼來看一看，看看老天爺到底有沒有長眼睛。現在你終於相信老天爺眞的有長眼睛！你不會再怪祂們了吧！」

「何必呢？爲了要報復員外和女總管，這一世裡的你，好過嗎？雖然生病的人不是你，雖然照顧病人的職責，也沒有落在你身上，可是看到自己的媽媽還有三姊這個樣子，你心裡會好過嗎？」

「我想知道這一世裡，你三姊爲什麼會腦部有病痛呢？」

「我媽媽說好像是我三姊小的時候，她很忙又照顧不來，才會讓三姊掉到地上。」

「爲什麼我會這麼問呢？如果我所說的因果故事是正確的話，那麼屬於你三姊的頭部問題，在這一世裡一定不會有第三者或外力介入。那是屬於你們三個人之間的恩怨，怎麼可以在這一世中把不相干的人士拉扯進來。如果老天爺安排另外一個人來傷害你三姊的頭部，那麼到了未來世，是不是你三姊可以向這個人要債呢？老天爺絕對是有長眼睛的，祂們分得清清楚楚，不會把不相干的人牽扯進來，不會把事情複雜化，該誰負責就由誰負責，很簡單！」

有恩報恩，施恩不求報

這是最簡單的一章，光看字面就懂，根本無須多加解釋，只不過有一些小細節常常是老天爺故意設下的陷阱，但是也有很多是祂們存心想幫忙世間人修行，而額外多出來的考題。

如果你在路上走著走著，突然旁邊有個人倒下來了，你的直覺反應應該是馬上趨前幫忙，這是一般性「順便」的舉手之勞。如果你家附近失火了，你的直覺反應應該是馬上加入救火行列，雖然你明知道根本就不可能延燒到你家。如果突然從著火的房子中，傳來幼兒的哭叫聲，或者是傳來救命的哭喊聲，請問這個時候，一般人的直覺反應又是什麼呢？會不顧一切的馬上衝進火場裡救人嗎？如果看到有人不小心掉到洶湧的洪水中，再會游泳的人也都會評估一下再行動。如果這時候，眞有一個不怕死的人，跳下去，也把對方安全的救上來，相信這個人馬上會變成英雄，對方也絕對會終生感激他。

行善並不難，到處都有行善的機會，只是碰到特殊的危險狀態，還能夠「忘己」的去行善，到底少見。還記得那個畫面嗎?八掌溪事件*中，有一位男子獨自利用繩索，想要搭救四位受難者的畫面嗎?如果你也在現場，你做得到嗎?再想想，最後這個男子一個人也沒有救上岸，可是你敢說他沒有「行善」、沒有「功德」嗎?在越特殊的狀況之下所行的善事，相對的它的恩情也就越大，將來享受報恩的時間也就越長。

「有恩報恩」的道理很容易懂，但是實際做起來的感覺，卻和「欠債還債」很類似，我舉例來說明好了。

「欠債還債」——甲欠乙三百萬，且惡意不還，乙是債權人，甲是債務人，如果乙死了

*八掌溪事件：二〇〇〇年七月二十二日下午約五點左右，台灣嘉義縣山洪突發，正在八掌溪中進行河床加固工程八名工人，其中三男一女走避不及，受困於洪流中的沙洲上，趕到現場的消防人員因波濤洶湧，無法靠近，便向附近空軍的「海鷗救難隊」求救，而「海鷗救難隊」稱此事應由空警隊負責；空警隊則要軍方就近救援。因軍方救護隊與警方救援單位之間互相推諉，不去援救，在急流中挽手苦苦待援近三個小時，四名工人筋疲力盡，最終在衆目睽睽下被洪水捲走，而造成了震驚島內外的八掌溪慘劇。

之後不原諒甲，那麼甲乙兩人就得一起來轉世，老天爺就一定得讓甲有機會可以親自來償還乙這一筆債。為了解決他們兩人之間的債權、債務問題，到了下一世，乙也許就變成了甲的兒子。乙做生意老是在賠錢，上班也老是碰到公司倒閉裁員，生活非常不順，也許還積欠了朋友一些債務。作為爸爸的甲實在看不過去，不幫忙也不行，因為討債公司上門來了，為了兒子乙的生命安全，只好把祖產賣了，得款三百萬，替兒子還給了債權人。

在上一章裡，我們談到了欠債還債的問題，也許有人不以為然，覺得上輩子受害就已經夠可憐了，這輩子還得再遭殃一次。沒辦法！因為「欠債還債」是彼此兩人之間的債權、債務問題，只能在兩人之間取得一個協調的方式，不能夠為此而牽累了一大堆不相關的人員。

「感恩報恩」——在過去世裡，甲要創業，但是資金不夠，乙拿三百萬給甲，並且告訴他，這筆錢就算幫他的忙，不用急著還，如果事業真是做不起來的話，也沒關係，賠了就賠了，不用再還了。甲非常感激乙。那一世也許甲並沒有成功，也許成功時，乙已經不在人世間了。等到乙死的時候，如果沒有向老天爺表明甲不用回報的話，那麼甲乙兩人就得一起再來轉世，老天爺就一定得讓甲有機會可以報答乙借他三百萬的恩情。為了解決他們兩人之間的施恩報恩問題，到了下一世，乙也許就變成甲的兒子，只是和欠債還債不一樣，乙的生意可能做得不錯，上班很順，日子也過得很好。

爲什麼呢？因爲乙在過去世裡，是懂得施恩的人，心胸寬大，看事情可能就會看得開一點，這樣的個性來到了這一世，也不會差多少，所以人緣應該不錯，做起事來就順手多了。乙這個做兒子的，日子過得很好，那麼甲這個做爸爸的，要如何才有機會報恩呢？乙想換個大一點的房子，老爸很高興，拿了三百萬出來：「就當做我送你喬遷之喜的紅包吧！」一樣甲是爸爸，乙是兒子，一樣的三百萬，在欠債還債裡，三百萬給得心不甘情不願的，在感恩報恩裡，三百萬給得高高興興，是屬於「錦上添花」型。

在這裡，請注意一個很重要的關鍵點：

欠債還債——債權人必須主動向老天爺說明，要原諒債務人，但是債務人沒有權利要求債權人一定要原諒他。如果債權人沒有主動表明要原諒對方，就表示「他不願意原諒對方」，老天爺就會和債權人討論，問他想要採取什麼樣的報復方式。

感恩報恩——施恩者必須主動向老天爺說明受恩者不用回報他的恩情，但是受恩者沒有權利要求施恩者不求回報。如果施恩者沒有主動表明不求回報，就表示「他是一定要接受回報」，老天爺就會和受恩者討論，問他想要採取什麼樣的回報方式。

爲什麼我要提到「回報」的關鍵點呢？如果有個人，一心一意想要自殺身亡，可是你並不知情，而且還拚命的把他救活了，你想，這個想自殺的人會感激你呢？還是恨死你，恨你多管閒事。當你知道了之後，也許你會後悔救了他一命。可是在因果法則裡，救人一命勝造七級浮屠，無論如何，只要你「沒有說」不求對方回報，那麼對方就一定得在未來世裡和你碰頭，親自來報答你的恩情。可是你想想，在這種情形之下，對方會心甘情願的「報恩」嗎？

很多人想通了這個「陷阱」之後，總是會問我說：「那麼我該在什麼時候，向對方說我不求回報呢？」當然了，如果能夠當場向受恩者這麼說就行了，因爲當你表明時，黑盒子也記錄了整個實況。問題是，你會每一次都記得說嗎？你會不會因此而傷害了對方的自尊心呢？如果對方並不覺得你是在施恩的話，會不會因此而造成了反效果呢？會不會反讓對方造業，阻礙了他的成長呢？就像前面我所舉的自殺例子。如果眞是這樣，你不但沒有施恩，反而還在造新的惡因呢！

最重要的是，你的所作所爲，一定是在「施恩」嗎？未必吧！說不定在因果輪迴轉世裡，你根本不是在施恩，而是在還債，是在償還你過去世裡欠下對方的債務。到底是「還債」還是「施恩」呢?重要嗎?如果每做一件事，就想要釐清「為什麼」，想要追根究柢，想要知道這是因還是果，請問，他還會是個正常人嗎?他的「自我」哪裡去了呢?所以我個人以為，在死後，在老天爺面前，一句話就好了:「所有我給別人的恩惠，一律不求回報!」

另一個重點是，在死後的那一剎那，在打開黑盒子「重溫舊夢」的那一瞬間，你能夠不被錄影帶裡當時「真實的影音」所影響嗎?你不會隨著影片的進行而心情起伏嗎?你還會那麼有「定性」的記得前面的那一句話嗎?如果你不是在日常生活當中，就能夠學會原諒別人，學會放下，學會施恩忘報，那麼在這個關鍵時刻，還能夠「處變不驚，莊敬自強」的人，還真有限!

也許你會說:「忘了說不求回報也沒什麼大不了嘛!就讓對方報報恩也不錯!」等看了我下面的說明之後，如果你還是這麼想，再說這句話也不遲!

平常的你，就是一個熱心公益，喜歡助人的人，有一天到海邊去玩水，結果發現有個陌生人甲溺水了，於是二話不說，馬上就跳下水去救人。甲這個人的一條命就這樣被你救回來了。你把甲交給警察，什麼資料也沒留，拍拍手就走人，很瀟灑也很漂亮，事後也把這件事忘了，因爲這種救人的事你做多了。

當你那一世死亡時，沒有對老天爺說：「所有我給別人的恩惠，一律不求回報！」於是無論如何，老天爺就一定得在未來世裡讓兩人一起來轉世，安排甲來報你的救命之恩。這個甲，他眞心感謝你救了他，也眞的有心來報你的恩情。在過去世裡，他是一個強盜，常常搶別人的錢包，被你救了之後，有心報恩，卻找不到這個救命恩人。

在這一世裡，你是女的，老天爺安排甲當妳的男朋友。問題是，他把過去世裡喜歡搶別人錢包的習性，也帶到這一世裡來了，也許有改善，是從強盜變成小偷（我常說，要改變一個人的個性是很難的一件事，也因爲很難做得到，所以只要你能夠做到，做到改變你自己個性的話，自然就會對你的命運有相當大的影響）。這個男朋友對妳好得沒話說，只要妳喜歡的，他都一定會想辦法送給妳。妳好高興交了這麼一個男朋友，還到處向人炫耀。等到事發後才知道完了，原來所有他送給妳的東西，都是他偷來的。這時候的妳，又該如何呢？罵得出口嗎？如果重新來過，妳還想要交往這個男朋友嗎？

有心報恩與無心報恩

我們前面所提到的都是關於施恩者應該注意的觀念問題，至於受恩者又要注意些什麼呢？如果施恩者不要你回報，你的命運會如何呢？如果施恩者要你回報，你的命運又會如何呢？

我們先談談施恩者不要你回報的情形，通常老天爺並不會告訴受恩者，施恩者不求回報的決定。

如果你是有心報恩的人，在你的未來世裡，你自然就會尋尋覓覓的找尋施恩者，並且在潛意識裡向他學習。如果在過去世裡，你是溺水被救的人，在這一世裡，你很可能會想要學好泳技，加入救難協會去救人。就算你不會游泳，你也可能是常常拿錢贊助這種團體的善心人士。

如果你是無心報恩的人，先別高興，別以爲撿到便宜了，老天爺絕不是省油的燈，祂們算盤打得很好，精得很！祂們又會如何安排呢？如果在過去世裡，你也是溺水被救的人（不管有沒有救活，別人都有恩於你），那麼針對你這個無心報恩的人，也許老天爺就讓你當民意代表，或讓你變成一個稍有名氣的地方人士，一天到晚有慈善機構上門來向你樂捐，請求你的贊助就可以了。看在面子的份上，就算氣得牙癢癢的，這種不樂之捐，你也得認了，不是嗎？

也許你會問我說：「老天爺怎麼知道我是有心報恩？還是無心報恩呢？」很簡單，祂們只要在你「重溫舊夢」時，「順口」問問你的感受就知道了。也許在事發當時，你會很感激對方，但是過了一段時日之後再想想，你會覺得對方並沒有對你做了什麼特別的事，值得你去感恩他的。

祂們的想法可不一樣，祂們完全是站在事發當時的立場來衡量整個事件，因爲在特殊的狀況之下，才更容易看出一個人的眞本事。祂們是從「事發當時」的一切，來衡量施恩者的修行程度，但是卻在「重溫舊夢」的時候，衡量受恩者的有心報恩與無心報恩。

所以，有差嗎？無心報恩和有心報恩，外在的結果還不是都一樣，但是內在的影響可就大大不同了。無心報恩的人，自己看著辦吧！有心報恩的人，則會是一種「良性的循環」，過去世別人改變了他的命運，他被感化了，這一世裡，他只是存著報恩的心態，想要報答他的恩人，沒想到他的所作所爲，卻又因此改變了另外一批人的命運。而這一批人也被他感化了，到了未來世，這一批人的潛意識裡，也想要報答他的恩人……。「把愛傳下去」，不只是這一世裡傳來傳去，到了未來世，這一份愛，這一份情，依舊在發酵著。

如果施恩者要求你回報，不管他是有心要你回報，還是他忘了跟老天爺表明他不要回報，總之雙方一定要來碰面就是了。恩惠越大，自然的，要回報的也就越多，時間也就越長。只是請記得一個特點，很重要的一個特點，施恩者就像是債權人，受恩者就像是債務人。施恩者在合理的範圍內，可以請求受恩者回報，就像是債權人在合理的範圍內，可以要求債務人還債一樣。所以在日常生活當中，確實很難區分，到底是在欠債還債，還是在感恩報恩。既然無法分別，那又何必在乎呢？如果有人需要幫助，而你又有能力幫助他，又不阻礙他的成長，爲什麼不幫幫他呢？行善需要有什麼理由嗎？

不過，報恩的方式裡，卻出現了令人深省的「例外」——一種是老天爺多加了一些考題，提供更多的機會讓施恩者來應考，這是「有心的老天爺」想要成就施恩者。另一種是受恩者犧牲了自己，卻成就了施恩者，這是「有心的受恩者」想要成就施恩者。這兩者有點不同，但都是讓施恩者覺得像是在「欠債還債」一樣，施恩者的感受，反而像是變成了債務人一樣。

有心的老天爺

「有心」的老天爺，想要成就施恩者，這是什麼意思呢？在過去世裡，既然施恩者懂得行善，就表示這個人的修行有一定的程度，雖然還達不到可以升天的地步（就算他不欠任何人的債，但是忘了說不求回報，那麼還是得在人世間輪迴，因爲他必須和對方一起再來轉世，才有機會可以接受對方的回報），但是卻可以利用這個報恩的階段，再提供另外的機會，測試施恩者其他方面的修行程度。

舉例說明比較快，有甲、乙兩個人，在過去世裡，兩人是主僕關係，甲是主人乙是僕人，僕人救了主人。在這一世裡，甲乙變成了夫妻關係，甲是夫乙是妻。照理說應該是甲要來報恩乙的，也就是說，是先生要報恩太太的。可是在台灣這個男尊女卑的社會，當先生比較吃香，再加上這個先生在過去世裡是乙的主人，若是要求這個「身分地位」比較高的人，向「身分地位」比較低的人（又是太太又是僕人）低頭報恩，似乎有點強人所難。

不管這個受恩者是有心報恩還是無心報恩，總之，這個要來接受別人報恩的施恩者，日子似乎不會很好過。祂們到底是怎麼了，爲什麼不把甲變成妻子，讓妻子向先生報恩，這樣不就比較合乎常理、簡單多了嗎？雙方皆大歡喜。

有心的受恩者

什麼是「有心」的受恩者呢？我想在這裡應該把它改成「有心的報恩者」，這些報恩者選擇了犧牲自己，成就過去世裡對他有恩的施恩者。

這種例子很多，但每個案例都是賺人眼淚的故事。通常這些報恩者年紀輕輕時，就遭受意外或罹患了很棘手的疾病，從此他的父母或家人，陪著他走遍天涯，帶著他到處尋找良醫、良方，答案又是如何呢？也許成功了，也許失敗了，但是成功或失敗都不是重點。

最後「眞正」的結果又是什麼呢？這些感人的父母或家人，一路爲了這些身染重病卻非常貼心、求生意志非常強烈的報恩者，把人世間所謂的「愛」，發揮得淋漓盡致。這些在過去世裡曾經是施恩者的父母或家人，在這一世裡，更進一步的將他們對孩子們的愛，由「小愛」化成了「大愛」。

雖然他們的寶貝小家人，很快就離開了人世，也許永遠也醫不好，永遠疾病纏身，但是這些施恩者，卻把一路陪孩子們走過來的經驗與心得提供出來，和許許多多同樣的孩子、家長一起分享。甚至於還因此成立了許多相關的弱勢團體或基金會，爲更多需要幫助的孩子們出錢出力。

老天爺也只不過在事前先徵求報恩者的同意，利用報恩者的肉體，成就了他的施恩者。當報恩者成就了施恩者的同時，也就是成就了自己。因爲他和家人攜手共抗病魔的故事，讓一般的社會大衆注意到，原來在我們的生活周遭，還有許許多多不爲人知的受害者、弱勢者，還躲在暗處裡呻吟，期待各界伸出援手，助他們一臂之力。老天爺會這麼做，也只是希望藉著這些有心人的故事，帶動更多的有心人，慢慢的加入施恩者的行列。

過去世裡的施恩者救了受恩者，受恩者受了感動，再加上老天爺的有心，徵求受恩者的同意，於是「有恩報恩」的因果輪迴開始了，開始進行另一項更大規模的「把愛傳下去」。

父母與子女之間的報恩關係

如果「有恩報恩」的因果關係，是發生在父母與子女的身上時，不管是報恩命、報恩情、報恩錢，或報恩命一輩子，很可能就會發生很多種不同的結果。一般而言，必須根據那個時候當事人的年紀、事實發生經過時間的長短、事實過後當事人相處的情形以及報恩人有心報恩或無心報恩等等差異，而有不同的果報。

所以我常開玩笑說：「欠債很容易體會得到，但是報恩絕對不是你想像中的那麼好玩。」

如果事發當時，當事人的年紀很小，沒有什麼記憶的話，那麼就算到了這一世來報恩，施恩者（債權人）也不容易體會出受恩者（債務人）的報恩情義。舉個例來說明，假設你坐船到海上觀光，大夥兒擠在船邊看海豚，有一位婦人因爲被推擠的關係，她手中的嬰兒不慎掉入大海。你看見這種情景，馬上跳入海中奮勇把小嬰孩救起。像這種恩情，就是報恩命一輩子。事發當時，孩子的年紀還很小，根本就沒有什麼記憶，被救起來之後，也應該是交給他的媽媽或醫護人員。也許吧！你會接受表揚，可是事發之後，雙方當事人就沒有再碰面，對這個嬰孩而言，他對你實在沒有什麼印象，就算事後他的家人常提起這件事，孩子的感受也一定不會深刻。

到了這一世，被救起的孩子一定就得來報恩。如果他是兒子，你是父親，我保證你一定很難感受到兒子的報恩，你一定會跟我抗議：「我兒子哪有來報恩，簡直是來要債的嘛！兒子根本就不聽我的話，一天到晚惹我生氣，怎麼妳會說他是來報恩的。」你甚至還可能要求我重新調資料。

一樣是關於生命的問題，但是「報恩命」和「欠命」絕對不一樣，欠命是債權人必須帶著當時的病痛直接來找債務人，讓債務人照顧債權人的身體（老天作主的方式），可是報恩命可以這麼做嗎？通常是不可以的。因爲債權人是好心行善的人士，怎麼可以讓債權人帶著病痛來找債務人呢？不過也有例外的，例如有心的受恩者、或是爲了幫助自殺者而來轉世的好人（請參考《如來世4——因果論二》有關自殺的章節）。

當然了，既然是報恩命，那麼勢必要等到施恩者（債權人）的生命出了問題，或是施恩者老了、病了，才會輪到受恩者（債務人）來報恩、來照顧他。可是，總不能爲了要讓受恩者來報恩，就要求老天爺平白無故讓施恩者生病吧，這實在是強人所難，說不過去！

那麼，受恩者要等到什麼時候，才輪到他向施恩者報恩命呢？只有等到施恩者老的時候，或施恩者自然生病的時候，才輪到受恩者報恩。所以，通常必須等到施恩者年紀老的時候，才體會得到對方的報恩。爲什麼要如此呢？原來這些報恩者就是施恩者用來「養老」用的。可是爲了養老，卻必須花一大段時間與精力先把他們撫養長大、教育成人，似乎很不划算。

我常笑說：「誰叫你那一世死了之後，不向老天爺說：『別人欠我的，我統統不要對方還債，我有恩給別人的，我統統不求回報』。既然你不說，就表示你沒有放棄要別人還債、要別人報恩的意思，對方當然就得來還債、來報恩了。」

因果理論中，針對債務人、欠債者或受恩者而言，他是沒有說話的權利，他的「預設值」就是「是」，就是「要」，也就是「要還債」、「要報恩」，沒有說第二句話的餘地。

再想想看，如果都是用在子女報答父母的恩情，報恩「錢」和報恩「命」會有什麼不同呢？如果你是父親，是施恩者，等到你老的時候，來報恩的子女會有什麼樣的表現呢？

如果是報恩「命」，也許你有很多小孩，當你老的時候，通常就是這個來報恩命的孩子會和你住在一起，並且親自照顧你的生活起居。如果是報恩「錢」，當你老的時候，他並不見得會和你住在一起，也不見得會親自照顧你，可是他一定會花錢請個菲傭照顧你，或是出錢讓你住在養老院。待遇不一樣吧！「養兒防老」就是有恩報恩的最好寫照。

想想前面的例子，跳入海水中救人，救起一個素不相識的小嬰孩，事後雙方又沒有再碰面，這一世如果來報恩，假設施恩者是債權人、是父親，受恩者是債務人、是兒子。在過去世裡，因爲兩人沒有生活的相處經驗，這一世來聚首，當然就完全沒有經驗的累積作背景，既然它是一個全新的開始，兩人之間的溝通問題，一定會是個很大的考驗。

再用同樣的例子作說明，如果一樣是跳海救人，救的是一個十多歲的小孩，那麼小孩對這個男士、對這件事的印象，就會深刻多了。來世如果要報恩，做兒子的，在日常生活中，一定也會表現得比較服從父親的話。

如果跳海救人的男士，是落海者所認識的親朋好友，或者是事發之後，大家變成了好朋友，那麼，這一世來報恩的相處情形，就會更和諧了。

如果當時落海的是那一對母子，而跳海救人的那位男士雖然想盡辦法，但是只救起孩子，母親卻不幸喪命。事後，勇敢的男士還領養小孩，對他很好，把他撫養長大成人。各位想一想，當小孩再來轉世報恩的時候，他會如何對待這一世裡的父親呢？大概是百依百順吧！

有人想得更細膩：「如果那一世，小孩長大之後，對養父非常孝順，前後的恩情不就抵銷了嗎？爲什麼來世還要再來報恩一次呢？」

「養父先把小孩撫養長大，孩子長大之後，再回過頭來照顧養父，用會計（對不起！因爲我是讀會計系的！）的方法，確實是可以把前後的金額沖銷掉。可是別忘了！針對養父救起小孩的那一個動作，還沒有沖帳呢！老天爺就是針對救人的那一幕，繼續編排有恩報恩的續集。」

報恩者的身體狀況

稍微注意以下兩個案例的區別。

第一個案例是母子的因果，在過去世中，兒子是不良幫派的一分子，有一天，他與數名友人和另一個幫派分子起了衝突，一陣混亂打殺之後，所有的人一哄而散，只有他受傷倒地，頭部也因而重創，在一旁觀戰的人沒有一個願意惹麻煩、出手幫忙。這一世的母親在那一世裡，是個過路客，看到倒在血泊中昏迷不醒的大男孩，心生不忍，他想盡辦法把男孩送到醫院急救。等交給醫生處理之後，他便離開醫院，什麼資料也沒有留下，沒想到大男孩仍然因爲流血過多而死亡。

第二個案例是母女的因果，在過去世中，女兒因爲逃難關係，只好淪落異鄉當乞丐，長期餐風宿露再加上被人歧視，所以身體的狀況非常差，最後病倒在路旁，沒有一個人理會他。這一世的母親在那一世裡，也是個過路客，看到倒地不起的乞丐，也一樣心生不忍，趕緊把他送到醫院。沒想到和前面案例一樣，乞丐的頭部也是受了重創，死了。

到了這一世又是如何呢？第一個案例，兒子的腦部有點問題，反應不佳，需要母親的照顧。第二個案例，女兒讀法律系，想要爲弱勢者伸張正義。同樣都是頭部受創死亡，同樣都是轉世來向好心的過路客報答恩情，爲什麼兩人的命運會差得這麼多呢？先不要看後面的說明，各位讀者不妨動動腦，想想看到底是爲什麼呢？

第二個案例，乞丐的身體不好乃是不得已的事，不是他自己不照顧身體，所以，當他再投胎轉世的時候，就不會把當時的病痛直接帶到這一世。在那一世裡，他被異鄉人欺負、看不起，所以到這一世，潛意識裡自然就有一股衝動，想要爲弱勢者伸張正義。

再回頭看第一個案例，大男孩參加不良幫派，常常與人打架，找機會傷害自己的身體，這和自殺有什麼不同？應該是慢性自殺吧！當一個人在過去世不珍惜自己的生命、不好好照顧自己的身體，那麼在轉世的時候，一定就會把當時的病痛原封不動的帶到這一世。

我是這樣告訴那一位勇敢的媽媽：「你在那一世裡很有慈悲心，而且不怕惹麻煩，想盡辦法把受傷的大男孩送到醫院，雖然大男孩死了，他還是一樣必須要來報恩。因果輪迴轉世的運作模式，有恩就是要報恩，何況妳也沒有對老天爺說不要別人回報。妳兒子在那一世裡，因爲打群架而傷害自己的身體，傷害自己的身體是一種錯誤的行爲，這時候的老天爺該怎麼處理這一件感恩報恩的因果呢？如果只是很單純的讓大男孩來報恩的話，那麼應該等到他身體健康的那一世再讓他來報恩，怎麼可以讓妳再來繼續照顧他的身體呢？爲什麼祂們要這麼處理呢？」

「原來老天爺想用妳的慈悲心，拜託妳幫忙這個大男孩，幫忙他在這一世裡除了償還自己身體的因果病之外，還要學會如何珍惜、照顧自己的身體。另外老天爺也藉著大男孩的有心報恩，讓他帶著病痛來轉世，希望妳能夠藉由照顧他的身體，而學習到許多照顧病人的經驗，或是體會到病人的實際需要，然後再把這一些體驗、這一份眞情眞愛，繼續的傳承下去。」（請回頭看看〈有心的受恩者〉）。

義工的付出

我們提到子女來報答父母的恩情，至於那些流浪漢，那些被遺棄在安養院或殘障收容機構等的老人家，他們又是怎麼了?如果說他們是因爲過去世沒有幫助別人，所以這一世才會沒有子女、沒有其他人必須要來報答他們的恩惠，那麼在他們的未來世，命運又會如何呢?如果說他們這一世晚年的淒涼景況，純粹是因爲這一世的所作所爲造成的，也許是別人欠他，也許是咎由自取，那麼在他們的未來世，又可能會有什麼樣的果報呢?

姑且不管有沒有「共業」，我們就用「個人」的前、今、後三世因果來解釋這種情形，大家就比較能夠進入狀況。

第一世：

第一種——是屬於傷害自己身體的人。在這一世裡，有些「大人」老是在做一些傷害自己身體的事情，例如抽煙、喝酒、吸毒、自殺等等，雖然很多人勸他們不要糟蹋自己的生命，但是他們大都是我行我素、充耳不聞。在這一世裡，他們的身體並沒有什麼大問題發生，也沒有生過什麼大病，日子過得還不錯。謝天謝地!那還眞的是託過去世的福氣!

第二種——是屬於傷害別人身體的人。在這一世裡，他們曾經傷害過別人的肉體，但是受害者（債權人）在死後，對老天爺表示不要債務人來還債。

的身體。

第三種——在這一世裡，他們並沒有做錯什麼，沒有傷害自己的身體，也沒有傷害別人的身體。

第二世：

第一種——在第一世裡，他們以爲天塌下來都還有別人在撐著，這一世可就不一樣了。過去世抽煙、喝酒等累積下來的「惡因」，就像是慢性自殺一樣，已經悄悄地侵襲他們的身體，就像是瓷做的花瓶有了「裂痕」一般。到了這一世，他們身體的「裂痕部位」，根本就無法「再度」承受任何外力打擊，只要稍稍有一點風吹草動，這個「裂痕部位」馬上就會出現狀況。因爲是「二度傷害」所以一定會相當棘手，很難治得好。

可悲的是，沒有人會來照顧他，因爲過去世的壞習性，是他們自己的選擇，怨不得別人（除非有特別的原因，例如，某人在過去世中阻礙了他們的成長），所以也就沒有所謂的債務人必須要來還債，要來幫忙照顧他們的身體。不得已的情況之下，他們被送進了安養機構。

這些在第一世裡不知不覺傷害自己身體的人，終於嘗到滋味了，也許他們最後變成植物人，只能默默地躺在床上。雖然他們無法表達自己的感受，可是，他們的靈魂一定還在原地，一定在親自體驗「肉體和心靈」的雙重煎熬。這是多麼「惡毒」的折磨方式啊！自己的身體居然變成自己的債權人，也變成了自己的債務人。

躺在病床上，只能等待護士或義工來照顧自己，如果你就是當事人，對這些無怨無悔、為病人無條件付出的義工，你的心中會有什麼樣的感受呢？如果再和自己的家人比一比，你又會有什麼樣的感受呢？

第二種——這些在第一世裡傷害別人身體的債務人，因為第一世裡的債權人原諒他們，所以，債權人不會和債務人一起來轉世。如此一來，當債權人放棄要債的時候，債務人就得接受「天譴」或「劫數」的還債方式。

換句話說，如果採用「天譴」或「劫數」的還債方式，在第一世裡，債權人因為身體受到傷害的疼痛，就會在第二世裡「直接投射」到債務人的身上，讓債務人親自體驗一下，債權人被債務人傷害身體之後的滋味。

奇妙的是，這些人的疼痛常常是查不出病因的，如果各位問我為什麼？我只能說：「那是直接投射的作用，而不是他們的身體真的出了問題。」在過去世裡，並沒有人傷害這些債務人，而是債務人傷害別人，所以也就沒有人會來照顧他們的身體。也許有一天，他們也被送到安養機構。

第三種——在第一世裡，他並沒有做錯什麼，沒有傷害別人，也沒有傷害自己，但在這一世裡卻發生了別人欺負他的事件，害他的身體出狀況，也許他在這一世裡，也沒有家人可以照顧他，最後也被送到安養機構。

這些在這一世裡被別人欺負的債權人，原本決定死後一定要轉世投胎去向債務人要債，可是，無論如何總得先把這一世過完再說吧！在安養機構裡，每天受到那麼多好心義工們的幫忙，感受到義工們的溫情，日積月累，他們的心態也隨著義工們的一舉一動而改變，慢慢的，學會了放下，也學會原諒別人。最重要的，和第一種人一樣，他們應該也是帶著「溫暖的心情」闔上雙眼的。

第三世：

第一種——是屬於傷害自己身體的人，他們還完了欠「自己身體」的債務，所以這一世的身體狀況又回到原點，回到一般人的正常體能。到了這一世，這些在第一世裡天不怕地不怕的人，這回可就什麼都怕了，絕對不敢再對自己的身體有任何的「輕舉妄動」或「亂來了」。

因爲在第二世裡接受義工們的幫忙，所以他們就變成是「有恩報恩」的受恩者，是債務人。既然身爲債務人就一定要還債、要報恩。如果在第二世裡，好心的義工們要他們回報的話，那麼義工們很可能就會轉世爲他們的家人，接受他們的報恩。

如果好心的義工們不要他們回報，這麼一來，義工們就不會再和他們一起轉世（也許就可以升天了），不過，他們還是一樣要來報恩，也許就會報恩到其他人的身上。這些曾經在第二世接受義工們幫忙的人，在第三世的時候，潛意識裡也會選擇當個義工，一樣快快樂樂的去幫助別人，把別人對他們的恩情繼續傳播下去。還記得「把愛傳下去」那句話嗎？

第二種——是屬於傷害別人身體的人，雖然別人原諒了他們，然而他們還是得承受天譴或劫數的還債方式。在第一世，他們傷害別人的身體是惡因；在第二世，一種是承受傷害別人身體的惡果，一種是接受義工們幫忙的善因；到了第三世，是「報恩」，報答義工們眞心付出的善果。

如果在第二世裡，他們沒有做出傷害自己身體的行爲，也乖乖的看醫生、做治療，就算到死的時候還是沒有辦法醫好，可是，因爲他們已經努力過，所以到了第三世，老天爺自然會把正常的體能狀態還給他，至於報答義工們幫忙的恩惠，請參看第一種，「把愛傳下去」

的解說。

第三種——第二世對他們而言，全部都是「因」，被別人傷害身體是「惡因」，被義工們照顧則是「善因」。到了第三世，就全是「果報」的表現。針對惡因，這些心態改變的債權人，如果決定原諒別人，死後也對老天爺表明不要別人還債。那麼到了這一世，他們就不會再和債務人碰頭，也就不必帶著身體的病痛去向債務人討債。針對善因，他們接受義工們的幫忙，又該如何報恩呢？一句話，把愛傳下去吧！

記得！做善事不需要任何原因，應該是很自然的一件事才是，如果我們覺得自己應該出手幫忙，也覺得有能力幫忙的話，那麼幫忙對方就是了，沒有必要留下任何痕跡。如果一天到晚老是記得你曾經幫助過別人什麼，或者記得別人還欠你什麼，這種日子好過嗎？這樣的心理負擔未免太沉重了吧！做了善事，就要會捨得、會放下。這是很隨緣的！

要改變命運，就要從改變習性做起，可是有幾個人體會得到呢？在因果輪迴轉世中，過去世的習性是會直接帶來這一世的，一般人卻以為，人死後到了靈界就可以改變一切，就會變得聰明，就會頓悟，就可以一切重新再來。唉！如果眞這麼方便的話，老天爺不要讓我們轉世不就行了，何必多此一舉呢？何必讓我們又一再的轉世，一再的學習，一再的服務！

*欲哭無淚

我常說：「如果你想要害你師父的話，只要多多供養他就行了。」這個方法百試不爽，我沒有、也不敢打妄語。

這些因果故事，千篇一律，因一樣，果也差不了多少。

因：過去世裡，有個人供養出家師父，常常拿錢給師父，對師父很好。

果：這一世裡，出家師父轉世爲先生，虔誠的供養者轉世爲妻子。先生的標準很高，溫文儒雅，非常顧家，賺的錢一毛不留的統統交給妻子，是一個無可挑剔的好先生，人人稱讚的大好人。

「可是妳先生永遠沒有辦法了解妳的心，因爲他是一個出家人轉世，對婚姻根本就沒有概念，對女人更是摸不著邊，我保證你們的婚姻絕對不會浪漫的。可是在那一世裡，妳一直供養他，所以妳就是他的施恩者，是債權人，他是受恩者，是債務人。這一世他來報恩，主要就是要報錢恩，誰叫妳那一世死了之後，沒有向老天爺說不要別人的回報。」

「這種例子我看多了，這種報恩式的婚姻一點都不好玩。過去世的時候，他當妳的師父，妳高興得很，崇拜他還長期追隨他、供養他。這一世老天爺做得更漂亮，讓你們天天在一起，讓妳更有機會親近師父，聆聽師父的教誨，讓你一個人獨享師父的恩澤。怎麼樣？角色一變，日子全都變了調！別怪老天爺！祂們只是根據因果輪迴轉世的標準模式運作，一點都沒有虧待你們。」

「我對別人說，別人都不相信我說的話，因爲所有的人都說我先生是世界上最好的先生。我的婚姻生活眞的是欲哭無淚。」相信我，女方一定都會哭的。

我們可以繼續討論下去：如果女施主不要師父來報恩，那麼身爲債務人的師父，到了這一世，又可能會有什麼樣的果報呢？如果師父有心來報恩，這一世，他可能就會是個大善人，常常幫助那些有需要的人。如果師父無心報恩卻又必須報恩的話，那麼在這一世裡，他可能還是會有一點點錢，可是他的錢一定存不住，一定會是屬於那種「破四方財」的人，也就是說，他的錢老是莫名其妙不見了。

*賣花

媽媽是賣花的老闆娘，兒子是附近鄰居的小男孩。

這個小男孩常常徘徊在花店門口，欣賞芳香撲鼻、各式各樣的花朵，老闆娘知道了之後，只要一看到他，就會特地送他一朵花。

在這一世中，小男孩常常幫媽媽倒垃圾，當他倒完垃圾，走進家門的時候，手裡也經常拿著一朵小野花送給媽媽：「媽媽！我在路上摘一朵小花送給妳！」

媽媽又是如何呢？她這麼說：「我平常最大的嗜好就是種花。」

＊人瑞

「我想知道我和媽媽的關係。」年約六十多歲，氣質高雅的婦人問道。

「在過去世裡，妳媽媽是妳的阿嬤，大約在妳出生後沒多久，父母雙亡，不得已的情況下，阿嬤只好負起照顧小孫女的責任。可是家裡的經濟狀況實在很差，阿嬤想盡辦法把家中值錢的東西拿去典當，買嬰兒食品給小孫女吃。所有值錢的東西都賣了，最後，連阿嬤回老家的禮服（壽衣）也都拿去賣了。」

「婆孫兩人相依為命，過兩三年，當地發生瘟疫，無人倖免。喔！好感人！我看到小孫女奄奄一息，阿嬤也差不多了，阿嬤把自己的衣襟打開，把小孫女緊緊的裹住摟在懷裡，嘴裡還不停地說著：『乖孫仔！這樣子妳就比較不會冷了！』婆孫倆就這樣過世了。這對婆孫這麼好，除了孫女要來報答阿嬤的恩情之外，老天爺讓她們再度碰頭的主要原因，就是想讓她們再續緣。」

「我媽媽非常孝順我阿嬤，阿嬤活到一百零三歲，最近才過世的。」坐在婦人旁邊的一位少婦眼眶已經紅了。

「我媽媽是獨生女，我的阿嬤，也就是我媽媽的媽媽，在她很小的時候就過世了，我常以爲自己就是阿嬤再來轉世的，特別轉世來照顧我媽媽，因爲在這一世裡，我的阿嬤還沒有照顧到我媽媽就生病走了。」六十多歲氣質高雅的婦人說。

「我有十個兄弟姊妹，我是護士，退休之後就一直在照顧我媽媽，她老人家直到過世的時候，都還很清醒，只是行動稍微慢一點而已。」她拿出隨身攜帶的相片，我看到一位氣質更棒的老婦人坐得挺挺地，相片中的她剛好是一百歲。

＊奶爸

兩個女人坐在一起，長得並不像，一個年約六十多歲，一個三十多歲。老的開口說：

「我要問什麼呢？」
年輕的說：「問和我的因果。」
老的說：「爲什麼我要問妳的事呢？」
年輕的又說：「就問和我的因果嘛。」
老的又說：「好好！就問我和妳的因果。」
聽她兩人的對話，實在猜不出來她倆之間到底是什麼樣的關係。
「我看到一個捕快，他在路旁發現一個小女嬰，這個小女嬰是被警方通緝強盜的女兒，強盜急著逃命，只好把小孩丟棄在路旁。沒有一個村民願意領養這個小孩，因爲怕惹來不必要的麻煩，捕快也不敢把小孩帶回家，怕家中的老婆會誤以爲是他和別的女人生下來的孩子。怎麼辦呢？」
「捕快不忍心看到小孩無人領養，於是把她寄養在一個單身朋友的家裡，只要餵奶的時間一到，就自己到朋友家裡親自泡奶、餵她吃奶。這種日子過了三年之後，好心的朋友要搬家了，不得已只好把小女孩送到孤兒院。可是捕快又擔心如果把她送到村裡的孤兒院，那麼大家都會知道她是強盜的女兒，可能就會傷害到無辜的孩子，於是捕快想盡辦法，把她送到離自己村莊較遠的孤兒院。她就是那個小嬰孩，妳就是那個捕快，她是來報恩的。妳們這一世有什麼問題嗎？」

「沒有！我們處得非常好，這一世她並不是我的親生女兒，我是在她出生二十三天的時候把她買來的。那時候我聽說有一個人家要賣小孩，雖然我自己已經懷孕，可是我心裡想怎麼會有人家要賣小孩呢？於是就去探個究竟。她媽媽總共生了十三個小孩，我去她們家的時候，看到有一個小孩長得並不漂亮，一個人躺在搖籃裡，哭得很難過，我心一軟就把她買下來。回來之後，本來是要把她送到孤兒院的，但是我覺得很內疚，於是就領養了她，一直到現在。」

＊喜憨兒

來吧！我們來說說喜憨兒的故事吧！

一位女士問道：「我能不能問我和我先生的因果呢？」

「妳先生有沒有來呢？」

「有！這一個！」她比一比她左手邊的一位男士。

「妳先生在現場妳還敢問。」我的話引起了一些人的笑聲。看了他先生一眼，我的第一眼感覺是——很可愛，雖然他們看起來都差不多是五十歲上下的年紀。光憑兩人的外表我的直覺是：他們是一對恩愛夫妻，不過我的直覺常常會出錯，而且錯得很離譜，所以在為別人服務的時候，我都盡可能不讓自己受自己判斷力的影響，怎麼做呢？一個最佳的方法就是盡量讓自己能夠隨時「放空」好讓「祂們」的訊息能夠清晰的輸進來。

如果您問我：「請問陳太太該如何做才能夠學會放空呢？」我只好對您笑一笑，不是我不想教您，既然我都那麼有心的把自己的經驗全寫出來，又何必要藏這麼一手呢？（相信只要是參加過座談會的人就能夠感受到我的有心）眞正的答案是——我也不知道我為什麼做得到，我也沒有學過，我只知道我只要閉上眼睛把注意力集中在前額就行了，就放空了。十年前我剛通靈的時候用的方法是如此，十年後還是如此；十年前我剛通靈的時候功力是如此，閉上眼就能夠看到對方的因果，十年後我還是如此。結論是——十年了，這一路走來，我一點進步也沒有！只是更有原則更有個性罷了！

「胡里胡塗，奇怪？祂們怎麼先給我這四個字呢？什麼意思我也不知道，反正我看到了我就先說出來，免得等一下忘記了。」話一說完，畫面出現了，有兩個，第一個畫面看到的是兩個男孩子坐在地上，兩人的面前各擺了一個簍子，簍子裡好像裝滿了東西。第二個畫面是其中一個男孩子從他自己腰前的大口袋中拿出錢給另一個男孩子。

「我看到兩個男孩子坐在地上，前面各擺了一個簍子，他們是在賣東西。」就在這個時候，畫面動了起來，從剛剛第一個靜態的畫面變成了動態，但是我的眼睛並沒有閉起來，應該這麼說，畫面就在我的腦袋瓜前面，好像是隱形的、虛擬的，可是我看得到，還可以張開眼睛邊看邊說故事。

「其中有一個男孩他的臉怪怪的，有點像是喜憨兒的樣子，等一下！我知道了！原來他的媽媽每天把他帶到這裡來，讓他坐在路邊賣點東西，並且拜託隔壁的男孩子幫忙照顧一下，他的媽媽就趕忙去做別的事了。我看到有好多人來買喜憨兒的東西，因爲客人看到他是喜憨兒，所以都向他買東西，反而是另一個男孩子沒有什麼生意好做，但是我卻看到這個男孩子一直在幫喜憨兒的忙，並且把客人給的錢放進了自己的口袋。」

「啊！」在場的人開始有議論聲音出來了。

「別緊張好不好！我還看到另一個畫面，等我說完再緊張也不遲。等到收攤的時候，幫忙的這一個男孩子把自己腰前大口袋中的錢，一一的算淸楚還給了喜憨兒。我知道了，這個喜憨兒對錢是胡里胡塗的，可是偏偏天公疼憨人，傻人有傻福。原來剛剛客人很多的時候，因爲來不及算錢，於是好心的男孩只好先將客人買喜憨兒東西的錢往自己的口袋裡塞，也從自己這一邊的口袋找錢給客人，但是收攤的時候，他將該屬於喜憨兒的錢一一算淸楚還給了他。

所以嘛，妳的先生一定很疼妳，對妳非常好，因爲妳就是那一個幫忙賣東西幫忙算錢的男孩子，而妳先生就是那個討人喜歡的喜憨兒。」

坐在一旁他兩夫婦的好朋友們拚命點頭認同我最後的結論，偏偏我們這位發問的女士很撒嬌、很寶貝的說了這麼一句話：「可是他都不讓我出去賺錢嘛！我都不能用我自己的能力去賺錢！」在場的好多人爲這一句話加上了答案：「我們怎麼都沒有這麼好命呢？我來跟妳換好了！」

＊法官

太太問夫妻之間的因果。在過去世裡，兩個人都是男人，太太是法官，先生是嫌疑犯。

好心的法官替這個倒楣的嫌疑犯洗清了罪名。到了這一世，嫌疑犯要來報恩了，法官變成了太太，嫌疑犯變成了先生。只是……，出了什麼問題呢？姑且不管男尊女卑的問題，想想一個是法官，一個是嫌疑犯，這兩個人在那一世裡的生活背景和價值觀會是相同的嗎？還有，一個男性的法官轉世變爲女人，在這一世裡，他的個性又會是如何呢？

「沒有錯，我的個性很像男人，自我要求很高，是個完美主義者，做起事來也一板一眼，賞罰分明，可是我先生的個性完全不一樣。還有，我們兩個人的價值觀也相差很多，包括他的家人也和他一樣，所以我一直覺得，在過去世裡，一定是我欠他一大筆的債務，因此在這一世裡，我才會嫁給他。」

「對不起！我的資料裡，不是你欠他，而是你有恩於他，是他要來報恩的。」

「說的也是啦！其實我先生對我滿好，對家庭很負責，也會幫忙照顧小孩，可是兩個人的個性和價值觀實在相差太遠了，很難溝通、很難心平氣和的相處在一起！」

「這就是老天爺的有心了，祂們覺得你在那一世裡表現得很好，能夠有心的爲一個嫌疑犯洗清罪名，你的慈悲通過了，祂們想再試試你的智慧程度有多少。於是祂們把你變成女人、太太，雖然外表的條件已經改變，但是內心裡的你，卻還是帶著過去世的習性來轉世。」

「你要求先生和你的程度一樣，坦白說，相當困難。老天爺就是看重你，才會再多考你這一道題目，在過去世裡，你救了你先生的肉體，在這一世裡，你有沒有辦法更進一步提昇他的心靈、他的生活品質呢？我知道很難作答，不過，還是勸你盡量做做看！人身難得，人生值得！你不妨換個角度看待你先生，面對他的時候，不妨先放下你的身段，用他能夠接受的語言和他慢慢溝通。只要你有心改變，時間久了，一定可以和他搭得上線，他一定會受到你的影響，一定會成長的。」

「在上一世你救了他，在這一世你又救了他！你救了他，也成就了你自己，因為你學會了放下身段，而放下身段是修行的必經階段、必修課程。」

「老師，我告訴你，她這一世就出生在法官世家，還有家人是當大法官的。」

*智慧型的慈悲

「我想知道我和兒子的關係。」

「我看到的畫面是：有一個年約十七、八歲的年輕人，在路邊擺一個桌子玩起賭博的遊戲，他自己做莊家，利用高超的技法騙取小朋友的壓歲錢。妳是一個男的，是當地人，年約三、四十歲，正好從這邊經過，看到這個景象，於是站在一旁觀看。年輕人看到有人在一旁監看，心虛之下不敢再耍技巧。」

「你知道對方已經看出你的來意，於是就走開假裝離去，其實是躲在暗處繼續觀察。等到發現年輕人的確是在騙人，你才從暗處走出來，好心勸他不要這麼做，因爲欺騙別人是不好的行爲。你還勉勵他，既然這麼聰明，應該要往好的方向努力才對。說完這些話之後，你就離開了。第二天，你又從當地經過，看到年輕人還在重施故技，於是給他一筆錢叫他好好去唸書。好了！故事就只有這樣。妳有什麼問題嗎？」

「我兒子這一世還是在騙人、在偷錢，惹了好多麻煩，怎麼辦？」

「如果只是慈悲，而不帶點智慧，就很容易變成濫慈悲，所以，祂們才會一再地強調悲智雙修。妳想想看，如果在當時，妳是帶年輕人到學校報名、繳費、上課，或是把他帶回家，自己爲他授課，那麼是不是會更好呢？當時，妳只是拿了一筆錢給他，根據一般的正常反應，如果我是那個年輕人，我也一定會把那筆錢花掉，不會拿去念書，因爲我的習性是騙人。」

「妳在那一世死後，沒有對老天爺說不要回報，到了這一世，年輕人就得來報恩，只不過他把當時的習性也一併帶來了。如果當時妳放棄債權，而且又沒有其他債務必須要處理的話，也許妳早就可以升天了。」

「老天爺覺得很可惜，於是給妳另外一個機會，看看妳能不能在這一世裡渡化這個年輕人。既然在過去世妳可以慈悲爲懷，那麼在這一世就提前考考看妳的智慧如何。如果妳能夠利用智慧把兒子教育好，死了之後又符合升天的要件，那麼也許就不用像正常的升天模式，從第一級慢慢升，說不定祂們會讓妳跳級，就從第三級起跳。爲什麼呢？因爲升級的要件是考智慧，而妳的智慧考題已經提前過關了。」

＊火場救人

父女的因果。「我看到火災，火勢很猛，雖然大家都知道還有一個小孩在裡面哭，但是沒有人敢進去救他，直到這位男士現身。他年約四、五十歲，光著上身奮勇跑進火場救出那個才一歲多的小孩。男人與小孩，是住在同一個村莊的人，這個男人就是現在的爸爸，妳就是那個小嬰孩。這種恩情非常大，因爲他是冒險進入火場救人，很可能連他自己都會喪命，可是，如果他不進去救妳的話，那麼妳一定會死掉。這樣子的恩情和『欠命欠一輩子』一樣，是屬於『報恩命報一輩子』的恩情。」

「我有五個哥哥，三個姊姊，我排行老么，大家都住在同一條巷子裡，爸爸大我四十多歲，我和他之間的溝通不太好，總覺得他太重男輕女了。爸爸媽媽在世的最後一段時間，的確是我在陪他們的，因爲那時候我還沒有結婚，只有我一個人和他們兩個老人家住在一起，晚上都是我陪他們，半夜常常要起來，扶他們上洗手間。」

學習

被好朋友或心愛的家人「誤會」時，你會怎麼處理呢？會不會想辦法找機會溝通一下，解釋清楚呢？有時候，其實也沒什麼大不了的事，但是不說清楚，就是感覺有那麼一點點遺憾。總是想著，如果一切能夠重來的話，那麼我就會……。然而這輩子也許永遠沒有重來的機會。

有些錯誤或不幸事件的發生，實際上並不是你的過錯，但卻因爲和你有某種關係的牽連，害得「善心」的你，一直耿耿於懷，總覺得是自己害了對方。就算法律判你無罪，老天爺也判你沒有錯，可是你就是無法平息內心的那股「內疚感」。就像後文的「轉世變成蚊子」那個故事裡的小士兵一樣。只不過時間一旦過了就是過了，永遠不再有回頭的機會。

如果你遇到挫折或是你的成績不理想、不及格時，你希不希望有機會重新再來一次呢？

就算你不想重來，但是爲了某些必要的規定，你非得重新再來一次不可時，你又該怎麼辦呢？

活的時候，總以爲人死了之後，一切都會跟著改變，總以爲靈界有很多的機會可以讓我們修行，讓我們一切重新再來，而「自己」也會馬上變成一個全新的「自己」。事實是如何呢？對不起！根據我的通靈經驗，一個人的習性、觀念、行爲等等，不只在死了之後不會有任何改變，甚至於還會像「業力」一樣，隨侍你左右，緊緊跟隨著你到任何一個時空。就連思考模式也不例外。

祂們常告訴我一件事：「進化是漸進的，急不來！唯有你自己想要進化，你自己努力去學習、去追求進化，才有辦法進化。不要以爲換了另一個時空，到了所謂的靈界，你就可以馬上進入狀況，馬上了解所有的一切。永遠的座右銘——天下沒有白吃的午餐。」

用比較實際的例子，想想，剛從高中畢業進入大學念書時，你經過了多久才摸索到念書的竅門。再想想看，結了婚之後，經過了幾年，你才覺得認淸了枕邊人，才找到和另一半和平相處的平衡點呢？

「人身難得，人生値得」，老天爺一再提醒我，「學習」不能有僥倖的心態存在，它絕對是「一步一腳印」的最佳見證。老天爺也一再的提醒我，一定要學會「珍惜人與人之間的相處」，就算我知道在過去世裡對方曾經是我的什麼人，曾經和我有過什麼樣的關係，但是我卻無法知道，在未來世裡，他可能會變成我的什麼人，可能會和我發生什麼樣的關係。我怎能不謹慎呢？

你是來學習的嗎？

在轉世的過程中，有某些人是因爲「學習」這個因素而來轉世的，通常有哪些人呢？一、自殺的人，二、無罪，卻自覺內疚的人，三、不同時空來轉世的人，四、自己眞正有心來學習的人等等。

關於「自殺的人」，因果法則的規定，規定世間人不能用自殺來逃避問題、解決問題。所以自殺的人必須一再快速地轉世，一再重修學分，直到學會「不自殺」才算通過。如果重修幾次之後，還是通不過這個考題，那又會如何呢？大概就是死當了，只好接受退學的命運，打入無間地獄，永不超生。請參考《如來世4——因果論二》的〈自殺〉那一章。

關於「不同時空來轉世的人」，各位可以看看後面所舉「小牛魔王轉世」的例子。這種案例還滿多的，例如動物來轉世的，也可以列入這一種。

關於「自己眞正有心來學習的人」，實在不多，我只算過幾個而已，到底是何等人物呢？說出來大家也許很難相信，例如——癌症患者。這些人爲什麼要來轉世當癌症病人呢？原來，他們有著菩薩心腸，也眞的是菩薩來轉世，準備在未來世來人世間當個眞正仁心仁術的良醫。爲了這個可以醫治許多病人的神聖任務，他們自動提出申請，先來人世間實習一趟，親自體會絕症病人的心理與生理。這些人有個特徵，他們絕不放棄任何一種治療機會，勇於向病魔挑戰，他們總是拿自己當實驗品……，「生病」對他們而言，才是人生最主要的課題。

「無罪，卻自覺內疚的人」是我要介紹的重點。

如果你相親認識了一個女孩，這個女孩非常喜歡你，想盡一切辦法想要嫁給你，可是你並不是眞的喜歡她，也沒有娶她的打算。雖然她一天到晚催你：「你看我們哪時候結婚比較好呢？」但你總是說：「還早啦！以後再說！我還不想這麼早就結婚。」有一天，你終於碰到了眞正喜歡的對象，你對之前癡心的女孩表明心跡，沒想到對方一氣之下，認爲你惡意移情別戀，於是全身穿紅衣上吊自殺身亡。

各位，請問這位男士怎麼辦呢？害了這個女孩上吊身亡，他所造下的惡因有多大呢？欠命還命，要還一輩子嗎？還記得我在〈因果輪迴轉世基本運作模式的根據〉中，所提到的〈法律與承諾〉嗎？既然這位男士並沒有向癡心的女孩許下任何承諾，所以女孩的自殺在因果上就無法怪罪到這位男士。也就是說單方面的「一廂情願」，不能算是「承諾」。你覺得合理嗎？我說過，老天爺一向很「民主」、「公平」，絕對不會「濫慈悲」。有理走天下，無理，走到總統府也是一樣。

法律沒判刑，因果也沒罪，但畢竟是人命一條。男士還是覺得很愧疚，如果早一點表明心態就好了，可是事發當時，他覺得如果說得太白，可能會傷害到女孩的自尊心，所以常常以「以後再說」打發女孩的問話。女孩死了，不管別人怎麼勸說，他心中依舊難過。「我不殺伯仁，伯仁因我而死」，他好希望時間能夠重新來過，向女孩解釋清楚。

有個讀者就這麼說了：「陳太太，我好難過！我害了一個小朋友！因爲我主辦了一個活動，這個小朋友的家長替他報名參加。結果活動當天，他從家中出發到集合地點時，在半路出了車禍。如果我不辦活動的話，他也就不會出車禍，不會受傷了。都是我害了他！」她一邊說，一邊掉眼淚。

在過去世裡，有對兄弟住在一起，哥哥結婚了，大嫂就負責煮飯給大家吃。後來弟弟也結婚了，妯娌兩個人就輪流煮飯，依照夫家以前的慣例，一個媳婦煮單月份，一個媳婦煮雙月份。一開始還相安無事，直到有一天碰到了農曆的閏月，問題來了，輪到誰煮呢？「兩個女人的戰爭」就這樣開始了，從此沒完沒了！

大嫂說：「妳還沒有嫁進來之前，我多煮了好幾年，我養了妳老公好幾年。」

小嬸說：「誰叫妳自己要先嫁人，再說，妳比我多生一個孩子，比我家多一個吃飯的人口，這又要怎麼算呢？」每天就這樣計較東計較西，兩個女人還常常拿起掃帚比起武來，雖然沒有眞正動過手，但是不曾安寧過。

在這一世裡，又是如何呢？大嫂變成了太太，小嬸變成了先生。先生一天到晚用語言暴力欺負太太，年輕時，太太還會硬碰硬反抗、頂回去，慢慢的，累了，沒力了，太太的氣焰不見了，只想要逃家，眼不見爲淨。結果逃到鬱金香咖啡屋參加座談會。聽完了因果故事，她說：「我能不能就此離家出走，把家留給他一個人好了。」

「妳能不能告訴我，在這個因果故事中，誰欠誰呢？大嫂欠小嬸嗎？還是小嬸欠大嫂呢？對！誰也沒欠誰！拿掃帚比劃的結果，也沒有造成彼此任何的傷害，只不過兩個女人的肚量都太小了。」

「妳這個做大嫂的死了之後，看了自己的黑盒子，覺得自己似乎沒有給小嬸做好榜樣，心中有點內疚。趁著這個時候，老天爺徵得妳的同意，問妳願不願意再重新來過一次，兩人好好溝通一下，改善彼此之間的關係。」

如果各位跟我一樣，可以通靈的話，你就會知道祂們，啊！眞的非常有心，也非常「詐」！其實也不應該把祂們說得這麼難聽，應該說祂們比世間人還懂得人性，祂們就是吃定了人性的弱點。

祂們也許會對大嫂這麼說：「我們覺得妳比小嬸還有肚量，還有心要修行，只不過她逼得妳氣不過了，妳才會變得這個樣子。妳想想看，當小嬸還沒有嫁進來時，妳不也是煮飯給小叔吃了那麼多年，從來也不覺得要計較什麼。所以我們覺得妳可以再轉世去渡渡她，妳一定有這個能力的。沒關係！如果妳能夠渡得了她，我們一定會在妳的修行科目上加分，渡不了的話，放心好了，絕對不會扣分。」

對前面那個引起女孩自殺的男士，祂們也許會對他說：「我們都知道你沒有錯，你不忍心傷害她，所以一直不敢告訴她眞話。再說她是爲了氣你移情別戀而上吊自殺，可是從頭到尾，你不但沒有給她任何承諾，也沒有叫她去自殺，我們怎能把她自殺這件事，怪罪到你頭上呢？不過，這個女孩也太純情、癡心了，不懂人世間的應酬話。只是自殺在因果法則上是很嚴重的罪名，它的處罰方式是，必須一再快速的輪迴轉世爲人，一再地考自殺這個考題，直到這個人不再以自殺作爲逃避問題、解決問題的手段，才脫離苦海。」

「我們希望你能幫我們一點點忙，幫我們渡渡這個癡心的女孩！幫她走過自殺陰影。因爲她這麼在乎你，你說的話她比較聽得進去，所以希望能夠藉助你的力量來幫忙她。沒關係！如果你渡得了她，我們一定會在你的修行科目上加分，渡不了的話，放心好了，絕對不會扣分。」

祂們爲什麼要這麼做呢？雖然這個大嫂和這位男士並沒有欠對方，但畢竟都是事件的當事人之一。第一，一因對一果，祂們就是利用「解鈴還須繫鈴人」的道理，希望藉由一方的「有心」，也許是有心想要道歉，也許是有心想要解決問題，總之就是找機會讓雙方的溝通有進一步的改善。第二，這個「有心人」的心結，如果沒有疏通管道的話，也不是好現象，往往會影響他的下一世。第三，如果有一方因爲過去世的事件而受到傷害，那麼也希望他能透過有心人的幫忙而重新站立起來。祂們眞的很有心，希望更多人能夠藉由這種「彼此學習」的方法，讓世間人了解到——「珍惜人與人之間相處的情緣」。

學習的輪迴重點

這種輪迴轉世的方式有什麼重點呢？

1.它不是過去世所造成的「果」，因爲沒有誰欠誰的問題。它是這一世才開始的「因」，只不過當事人彼此在過去世有過一段「相處的情緣」。

2.老天爺在行使這種方式之前，必須徵求「有心人」的同意才可以進行。

3.渡了對方，加分，渡不了的話，也不能扣分，因爲是老天爺主動要求「有心人」來幫忙的。

4.因爲「有心人」的有心，所以在轉世的過程中，往往會出現一些比較特殊的狀況，例如，「有心人」既然是有心來轉世，就很容易陷入「債務人」的角色而不自覺（但他不是眞正的債務人，仔細推敲的話，還比較像是債權人，因爲他是要來渡對方的，是施恩者）。然而在過去世裡，這兩個人又偏偏處於勢均力敵的對立角色（因爲沒有發生誰欠誰的結果），因此常常不經意的會把過去世相處的習性，一模一樣的帶到這一世。結果呢？前半段跟過去世沒什麼兩樣，後半段呢？就看「有心人」的努力了。

從這段說明，各位就可以知道，要改變一個人的思想、個性，很不容易，但也就是因爲不容易，所以才更容易看出修行功夫的高低。

5.老天爺藉助「有心人」去渡另一個人，因此這一世的考題和過去世不相上下，爲的是讓另一個人在熟悉的環境中，心平氣和的改變自己。可是老天爺也希望能夠測出有心人的「修行眞功夫」，希望幫這些人再多加點分數，所以祂們常常會在類似的考古題裡，再多加一些玄機，考考有心人是否眞有智慧。當這些人答應幫老天爺的忙時，就表示他們有「慈悲」，所以只要再加考「智慧」的考題就行了。怎麼個考法呢？故事也許類似，只要把角色稍微改變，再加上時空背景的不同就夠了。

＊毒蟲販毒

雖然我一開始的時候就已經說明：「如果有人想要問男女朋友之間的因果，對不起！我不會回答。」可是她還是在第二輪的時候說了：

「我想知道和前任男友的因果。」

「可是，我剛剛說過，這種題目我不會回答，」偏偏祂們在這個時候給了畫面，我也說過，我基本上不會回答，但是如果祂們硬要給訊息，我也會回答。因爲，其中必然有深意。

「我看到妳是黑社會老大，是個男的，下面有一些小嘍囉，可是妳這個老大想洗手不幹、改邪歸正，於是就製造機會，讓自己被警察抓去關。妳想過一陣子出獄之後，就此離開幫派重新生活。」

「我看到妳雙手被反綁在後面，而妳的手下躲在一旁，手上握著一把刀子，他想要用刀子割斷妳手上的繩子。」

「那是劫囚！」有人爲我作了最佳解釋。

「這個拿刀子想要劫囚的小嘍囉，就是妳現在的男朋友。我看到妳拚命眨眼睛，暗示小嘍囉走開，不要救妳，結果他聽妳的話沒有下手。沒想到在那一世裡，妳居然等不到出獄，還在監獄服刑的時候就病死了。這個小嘍囉很後悔，覺得很對不起老大，沒有把老大救出來，他從頭到尾就不知道老大是故意讓自己落網的。」

「拜託！妳不要再和前任男友來往了。」

「可是他一直不肯放我走，一直纏著我不放。」

「我坦白告訴妳，這是很嚴重的事，不要小看了。根據我對因果的了解，妳的男朋友絕對會把過去世的習性帶來，尤其當他和妳在一起的時候，相處的情形就會回到過去世，也就是說，他是等著老大出獄之後再做一票。妳要知道，他並不知道妳是故意自投羅網，而他是帶著救不了老大而難過的心結來轉世的。雖然老天爺希望妳能夠渡他，幫他走出過去世的不良習慣，但是，這的確很不容易。」

「拜託！眞的不要再和他交往了，事情絕對會比妳想像的更嚴重，妳自己看著辦吧，反正又不是我的事。」

幾天之後，帶她來的朋友告訴我：「陳老師我告訴妳，她那個前任男朋友是個毒蟲，而且自己也在販毒，他都強迫她幫他賣毒品。」

＊外遇

之前她來參加過一次座談會。這是參加過的人一致的感想——如果先參加過一、兩次座談會，對因果輪迴轉世的一些基本概念有了最起碼的認識之後，再報名一對一的服務，那麼到時候就更會問問題，才不會浪費短短三十分鐘的「一對一服務」。

「今天妳要問什麼呢？」

「上一次你告訴我，我和先生在過去世是同事的關係，我是男人，他是女的，兩人同在一家花圃公司上班，爲了搶業績的關係，我把先生推倒，害他頭部撞到了地上，結果在那一世裡，這個女孩子沒有結婚。你說我欠我先生。」

「就像你說的，我先生和我眞的越來越不能溝通，不過你也說過，如果我離婚會對我的老二不利，我是爲了孩子，才繼續和他在一起的。」

「這很正常，那一世裡這個女孩子沒有結婚，那麼就算她轉世爲男人，變成妳的先生，根據我們的經驗，如果調出來的資料，那個人在那一世裡沒有結婚，不管在這一世裡他是男人還是女人，基本上在婚姻生活中，這些人都不太會處理夫妻之間的溝通問題。再加上你先生是由女的轉世爲男的，所以他在這一世裡，可能帶點女人的特性，個性會有點善變。另外，在因果裡又是你欠他，所以你們的夫妻感情要好，並不容易。」

「不過，這些我都不擔心，我比較擔心的是，在那一世裡，那個女孩子是被你推倒在地上，如果眞是傷到了頭部，照理說在這一世，他的腦部應該會有一點問題。」

「還好啦！他只是比較煩惱我的工作而已。」

「妳必須等到第二個孩子十五歲的時候才有機會離婚。妳小孩幾歲了？」

「九歲。」

「照這樣算的話，妳起碼要再忍耐六年。」

「我明年就可以退休了，可是因爲經濟的需要，所以還要再上班賺錢，座談會的時候你告訴我，反正現在工作不好找，不如就留在原來的公司繼續上班就好了。可是我公司……」她欲言又止，不知如何接下去。這種場面我見多了，什麼樣的事會讓一個女人有口難開呢？

「公司裡有男同事在追妳，對不對？」其實我眞正想說出口的是：

「妳的心早就已經飛了。」

我的直覺就是被這麼多來找我問事的人訓練出來的。所以我一再強調的是——因果輪迴轉世的基本運作模式，不是老天爺一條一條交代我、教育我、要我背起來的，而是我很認眞的利用「先來的」問事者的因果故事，一點一點累積，自己動腦加以統計分析，得到一個大略的運作法則之後，再利用「後來的」問事者的因果故事，一一加以證明，證明這個被我暗地裡「窺探到」的因果運作模式，是否眞的好像有那麼一回事，可以讓我好好深省一番，讓我很「心甘情願」的、「苦口婆心」的、「義正辭嚴」的勸勸別人，勸別人不要被老天爺所設下的陷阱給迷惑、欺騙了。

還有，說起人世間的法律，不是行政院訂下的，而是我們自己所選出來的立法委員制定的，行政院只不過是負責執行的單位而已。行政院也許事先必須送些草案到立法院，但還是得經由立法委員逐條審查，並且三讀通過，才可以正式付諸執行。只不過老天爺的行政院裡，某些行政專員很有一套，非常聰明，他們設計出一些似是而非的施行細則，爲的就只是希望「遵守」和「犯規」的雙方當事人，都能心悅誠服，並且從中學習——讓遵守的一方能夠提升品質；讓犯錯的一方能夠有所警惕，下次碰到類似的情形，不要再犯錯了。

祂們是很慈悲沒有錯，也非常有智慧，有智慧到會設陷阱讓一般人掉進去，讓這些人必須自己動腦、動手、動腳爬出來不打緊，還頻頻回過頭來，口口聲聲的謝謝祂們，謝什麼呢？謝謝祂們保佑他們度過了難關。天啊！如果你知道了這些運作模式，你就該清醒了，不用謝祂們，謝謝你自己吧！是你自己夠慈悲、夠智慧才有今天，而不是祂們給了你什麼樣的特權、禮遇。再提醒你一次，謝謝你自己才對！祂們一直都是「一視同仁」的。

「我先生說，他就是因爲擔心我的工作才會得憂鬱症的。」

「爲什麼？」

「因爲他擔心我如果繼續留在原來的公司，就有可能和這個男同事在一起，所以他都說是我害他患憂鬱症的。」

「在這一世裡，妳先生還眞的是腦部出了點問題。你非上班不可嗎？」

「嗯！我有經濟的壓力。」

「可是，現在找工作眞的很不容易，如果你先生這麼想，那你就先辦退休，再找新的工作好了。」

「可是工作眞的很不好找。」這是什麼樣的回答呢？我再笨，也知道她根本就已經離不開那個男同事了。

「我很想知道和那位男同事的因果。」

怎麼辦？雖然很不願意，但這個時候，好像也沒有其他辦法。閉上了眼，看看會有什麼答案吧！

「我看到一條路，妳是女的，已婚，但是先生死了，也就是說妳是寡婦，有一個孩子，大約二十多歲，在外地上班，妳一個人守著老家。妳家對面住著一對夫妻，有三個小孩，年紀都還很小，做太太的病重，躺在床上，估計可以再活兩個月左右。這個做先生的，就是你這一世裡的男同事，他是以種菜、賣菜爲生。先生看太太病得這麼重，孩子又還小，實在不知道太太死了之後，日子要怎麼過。」

「有一天，他想到了一件事，他想，如果以後能夠娶到對面的那個女人，問題不就解決了嗎？於是他開始想辦法，每天留一些菜，送給對面的寡婦，還故意說那些菜是賣不掉的。至於這個寡婦呢？久了之後，也熟了，同情農夫有個生病的老婆，於是她也自然而然的到他家裡幫幫忙，照顧他那生病的太太和三個小孩。這個賣菜的當然很高興了，可是他生病的老婆可不這麼想。她想，我都還沒死，你就把女人帶上門來，未免太過分了吧！於是她告訴自己，不能就這樣便宜了先生和對面的寡婦。撐呀撐的，估計是剩下兩個月的壽命，居然讓她活了三年。」

「其實這個太太誤會了先生也誤會了寡婦，因爲他們是淸白的，男的是有心沒錯，可是寡婦卻一直不知道他的用意。在那個太太還沒有死之前，寡婦的兒子來信要求母親搬過去和他同住，她也搬去了。只是過不了多久，農婦死了。她知道了之後很難過，想起以前到她家幫忙的點點滴滴，於是開始懷念起農夫，也擔心他以後的日子怎麼過。想歸想，沒有用，因為她沒有辦法離開兒子的家，就這樣，那一輩子就一直想著這個曾經送菜給她的農夫。而農夫呢？更不用說了，本來算盤打得好好的，兩人也相處得很不錯，又怎知自己的老婆會多活那麼久，偏偏後來寡婦又搬到她兒子家去住了。不用說女的想男的，農夫也一樣朝思暮想的思念著寡婦。」

「妳告訴我，在這個因果故事裡，誰錯了？又有誰欠誰了呢？都沒有！三個人統統沒有誰欠誰。所以，到了這一世，根本就不需要來報恩或報仇。這一世裡，純粹是農夫和寡婦自己的念力，把兩人給湊在一起了，只是湊在一起之後又會如何呢？百分之六十的注定，並沒有注定這兩個人會湊合在一起，也許他們會相遇，但是並非妳想像的這種因緣。妳自己很清楚。我還是要再提醒妳一次，妳不要怪到老天爺，老天爺根本就沒有說你們兩人誰要還誰。」

「我把可能的結果說清楚好了！光從過去世妳推倒妳先生，害他頭部受傷這個單獨的因果故事來看，本來妳和先生注定的命運是六年之後還清，也就是說六年之後可能會離婚，但能不能離得成，還得看妳怎麼還法。我們可以假設說，如果妳不是有心想還債、真心去做，也許他頭部的因果會越來越嚴重，萬一發生了意外，變成了植物人，妳要怎麼辦？一輩子也離不成了。」

「再說就算離得成，也不代表妳和男同事有機會結婚，因爲他也得先和老婆離婚才可以。就算他有離婚的命，我們也不能就這樣詛咒或期待他離婚，因爲基本上，那樣的思維就已經犯錯了。不管他有沒有離婚的命，不管他會不會離婚，反正我並沒有看到妳有再婚的命。」

「那同居可不可以呢？」

「如果他離婚了，當然可以，如果他沒有離婚，而妳和他同居，當第三者，我可以向妳保證，破壞別人的家庭，到了下一世，絕對會付出很大的代價。也就是說妳和男同事這一世裡的所作所爲，絕對是這一世的因而不是過去世的果。我再強調一次，在這一世裡，你們的所作所爲，是因不是果，它所造成的果報，必須到下一世才會顯現出來。」

「至於老天爺爲什麼要讓你們來轉世呢？一起來轉世並不代表一定是報恩或是還債，像妳這種情形是來學習的。我們常聽人家說，要放下，要放下，不要執著，結果在妳自己前一世和這一世的故事中，妳從中學到了什麼呢？據我的了解，如果老天爺要當事人再來重新學、習，那麼祂所出的題目，通常是一模一樣的，也就是說基本上當事人所面臨的狀況會和前世一樣，故事往往是全盤翻版，同樣的試題，只是角色、背景不見得一樣，祂們只是想觀察妳、測試妳，有沒有辦法跳脫過去世的迷惑。如果妳的轉世是要來學習的，那麼我就會勸妳繼續留在原來的公司，勇敢面對學習的題目。因爲如果妳換工作而心態依然執著，無法放下、改變，那還是沒用的。不如直接面對、解決才是上上策。」

「陳太太已經說得很清楚了，妳看看妳這一世還眞的是翻版。他的太太也常常在吃藥，本來不是說要離婚的嗎?後來聽說妳和她先生在一起以後，她就堅持不離婚了。還有，妳不是說妳先生和他老婆都有聯絡嗎?妳先生只要發現妳不在辦公室，他就會馬上聯絡你同事的老婆，要他老婆查查看，看看他先生是不是和妳在一起。妳看!妳的故事眞的是翻版。我覺得妳還是應該聽陳太太的話，留在原來的公司，勇敢的去面對這個問題才對!」說這話的人是和這位女士一同前來的好友。

「妳不說我還不知道翻版到這種程度，不過我必須說明的是，妳同事的太太未必就是過去世裡那一個農夫的老婆。反正我不是妳，妳要怎麼處理，那是妳的事，不關我的事。」後面的這一句話，是我的口頭禪。

「妳怎麼一直都不說話呢？」她的朋友問。

「沒什麼啦！因爲我說出來的答案並不是她心中想要的答案，所以她傻住了，心中一團亂，根本就不知道該怎麼辦！」

「我的心都被你看透了！」這位心有千千結的女人最後這麼說。

＊媽媽與嬸嬸

這個故事裡有四個人物，有點複雜。有一對堂兄妹，堂妹很喜歡吃番茄，可是家中又沒有種，於是她拜託堂哥幫忙，帶她到別人家的番茄園裡偷吃，但是她也警告堂哥不可以告訴別人。這個堂哥可眞是好心，眞的帶她去偷摘、偷吃番茄。有一天被發現了，告到雙方的家長那兒去了。

堂妹的媽媽，姑且就說是嬸嬸吧！嬸嬸發牢騷了，跑去大嫂（堂哥的媽媽）那兒告狀，告大嫂不把兒子管好，害得她兒子帶著她女兒去偷別人家的番茄吃。大嫂不分青紅皀白，問也不問，查也不查，抓了兒子就打。偏偏這個兒子又答應堂妹不能告訴別人，於是他只好忍著痛，被媽媽狠狠打了一頓。

到了這一世堂哥變成了先生，大嫂變成了太太，請問，過去世裡是誰欠誰了呢？大嫂有欠她兒子嗎？小嬸有欠大嫂嗎？嬸嬸有欠大嫂的兒子嗎？堂妹有欠堂哥嗎？……。可以想像得到的疑問很多，但是因爲堂妹的年紀太小了，所以老天爺也不能說堂妹欠堂哥。那麼又該如何處理呢？

「沒什麼，老天爺只是讓這一對母子再來轉世，一起學習而已，學習什麼呢？學習表達自己，學習不要以爲不說話、不出聲、吃點虧是對的。那一世裡的媽媽責任比較重，因爲她沒有告訴孩子，要勇敢的表達自己的看法，也沒有問孩子事實的經過，只是隨隨便便聽了小嬸的話，就拿起棍子打自己的小孩。所以嚴格說起來，那一世裡是媽媽欠兒子。」

「那一世死了之後，媽媽也覺得虧欠了兒子，所以她希望能夠有機會再來教兒子，與兒子溝通。老天爺當然樂見有心改變的人，於是就接受媽媽的要求，讓他們一起再來轉世，只是兩個人還是過去世裡的那種人，那種個性。」

「我先生在這一世裡，也是這種個性，做得要死，卻被罵得要死，可是他都不對別人說清楚，老是被別人誤會，我在一旁氣得要命也沒用。」

「所以妳知道了吧！他的個性和上一世一樣，可是在轉世的過程中，當他的角色和妳的角色有了變化時，你們卻沒有學會改變。老天爺就是利用角色的轉變，讓你們互相幫忙、互相學習，看看能不能在這一世裡有所突破。因此當妳先生被誤會時，我建議妳提醒妳先生，要他和對方說明一下，不要自己氣在心裡，何苦呢？」

*放下心結

媽媽問：「我想知道我和大兒子的關係。」

在過去世裡，一個大富人家的少爺甲，他有一個好朋友乙，乙的家世背景也相當好。有一天乙到甲家去拜訪，恰逢甲有要事無法親自接待，於是就拜託家中一個年輕貌美的丫鬟丙負責招呼。少爺甲請丫鬟丙帶朋友乙到自家後院的大池塘賞荷花，並且由丫鬟親自撐船、作解說。

我看到的就是丫鬟站著撐船，而朋友乙也站在船上賞荷花的畫面。畫面只有這樣，可是故事卻很長。連續幾天的相處，朋友乙看上丫鬟丙：「妳嫁給我好嗎?等我回家之後，就請人來說媒。」丫鬟不語，但一副默許的樣子。乙回家稟報之後，卻遭到家人的反對，因爲男女雙方實在是門不當戶不對，更何況娶一個與自家相識又門面相當的朋友家的丫鬟，怎麼說，都是很沒面子的事。乙一氣之下投筆從戎，沒多久就死在戰地了。可憐的丫鬟丙，癡癡地等待乙方的人來提親，等了許久卻不見媒人前來，恨意逐漸代替了愛意。

後來她知道實情，也知道乙過世了，但是不諒解乙的心結並沒有隨著乙的死亡而消失，爲此，她選擇了終身不婚。

「故事中的朋友乙，就是這一世的大兒子，丫鬟丙就是媽媽，請問他們兩個人，誰對？誰錯？」我問。

「那個乙不守信，害了丫鬟，所以是兒子欠媽媽。」媽媽答道。

「應該是兩個人都沒有錯。」有人開口了。

「就算有，我想也沒那麼嚴重吧，更何況乙爲了此事離家出走投筆從戎，最後也死了。他絕對不是不守信用，只是事先沒有考慮淸楚，沒有想到門當戶對的問題，他又不願意忤逆父母親，於是只好選擇消極的逃避，離家從軍。再說，後來妳也知道他死了，可是妳自己卻選擇終身不婚，這個決定更不能怪到他頭上。所以，你們兩個人這一世來轉世的原因，並不是因爲他欠妳，而是老天爺要解決這個丫鬟的心結問題。」

「一個人在過去世裡，如果存著很大的心結，沒有處理好就來轉世，那麼就很容易在情緒方面出問題。也就是說，妳兒子如果沒有和妳一起來轉世，那麼這一世的妳，很可能就不容易相信別人，對別人說的話，老是懷疑東懷疑西的。妳不妨回到過去世想想，如果妳是乙，他無法娶妳，又得面臨家人的指責，妳想他不會難過嗎？再想一想，他不愛妳嗎？他如果不愛妳，他如果是惡意失信的話，那麼他就沒有必要投筆從戎。」

「站在老天爺的立場，如果碰到有人有心結的時候，祂們就會出面盡量想辦法解決。既然在那一世裡兩人皆有意，那麼，何不乾脆讓你們兩人在這一世結為夫妻就好了，為什麼還要多此一舉，轉世變為母子呢？」

「想一想，在那一世裡兩人都沒有結婚，這一世來碰面了，自然就會帶著那一世的人生經驗來轉世。也就是說，你們母子兩人對於婚姻一點概念都沒有，就算變為夫妻，也必須從頭開始摸索，可能就會因此而相處得很痛苦。如果這樣的話，老天爺的好心，反而變了調。」

「所以，老天爺讓你們兩人在這一世裡先結為母子，如果相處的情形還不錯，也許以後就有可能轉世為夫妻。我常說戀愛是一回事，生活又是另一回事。從這個因果故事中，我們可以猜測到妳兒子應該很孝順，但是，我也必須請妳特別注意兩個重點，第一，在過去，妳兒子是個有錢人家的少爺，而妳卻是他朋友家的一個丫鬟，就因為這種社會背景的不同，在這一世裡一定會有很大的差異，尤其是關於花錢的態度，妳一定很節儉，而妳兒子一定是個用錢很大方的人。第二，他對妳講話的口氣，很有可能命令的口氣比較多，因為他是少爺的身分，而妳只是個丫鬟而已。」

「我兒子真的很孝順，他對我很好。他工作不錯，賺錢也不少，可是我就是氣他為什麼都已經二十七歲了，卻不知道要節儉，還有，對我講話也常常是用命令的口氣。因為我把他教得很不錯，所以，他好的時候，真的是對我很好。可是你知道嗎？我甚至於會揍他，不是打的那一個揍，是真的很想要揍他。」這位婦人眼眶紅了，也哭了。

「妳最後一句話是什麼意思？什麼叫做不是打的那一個揍呢？」

「我很想詛咒他，詛咒他搬出去住，那麼他也許就能夠學會用錢要節儉一點。我就是很氣他，氣他賺了不少錢，卻一點都不會想要把錢存下來，都已經二十七歲了，還這麼不會想。」

「剛剛我不是就告訴妳了嗎？如果我所說的因果故事是對的話，那麼就有可能會發生對金錢看法不同，以及他對妳說話用命令口氣的後遺症。如果在事發當時，妳學會放下的話，那麼就不會有心結，老天爺也就不用多此一舉，還要拜託妳兒子幫忙，安排你們兩人一起來轉世。還有，他可能會把生命看得很淡，因爲他爲了感情受挫，卻選擇有危險性的從軍工作。」

「對了！他常常說，人生短短的，死了就算了，何必計較那麼多。」

「我想請問妳一件事，妳先生還在嗎？妳有幾個兒子呢？」

「我先生不在，我有三個兒子。」

「那妳說的這一個兒子，是不是老大呢？」

「對！他是大兒子。」

「對嘛！爸爸不在，他又是大兒子，那麼他的地位是不是有點像是先生呢？也許這只是個巧合吧！」

＊一包花種子

「我想知道我和先生的因果。」

「我看到的畫面是一片竹籬笆，有一些花朵伸出竹籬笆外，有一個男子拿著剪刀，在修剪籬笆外的花花葉葉，那個男子就是妳先生。在那一世裡，妳是從外地搬來此地的一個女人，在住家的前院裡種了一些花草。而妳先生是當地人，家中擁有花圃，而且很會種花。」

「男人看到這一戶新搬來的主人所種的花不漂亮，於是好心按她家的門鈴，想告訴她如何才能夠栽培出美麗的花朵。可是女主人以爲男人要調戲她，於是敬而遠之。沒辦法！男的實在看不過去，只要有機會經過她家的時候，就會拿著花剪順便幫她修剪一下。後來女方知道了，她也樂得輕鬆，心想你愛剪就去剪吧！反正我又沒有什麼損失！雖然如此，但是兩人在那一世裡都沒有進一步的交往。」

「如果我的因果故事正確的話，那麼在這個故事裡誰也沒有欠誰，誰也不用報恩誰。老天爺覺得很奇怪，爲什麼人與人之間的相處要變成這個樣子？爲什麼就不能珍惜人與人之間相處的情緣？爲什麼不想想辦法，溝通一下呢？爲什麼非要堅持己見，放不下身段呢？所以，祂們決定再給男女雙方一個機會，希望你們能夠一起轉世重新再來學習一次。妳和先生之間有什麼問題嗎？」

「當我還在唸大學的時候，別的男生都是送花給我，可是我先生卻是送一包花種子給我。我說花用買的就好了，何必那麼麻煩呢？可是他卻說自己種的花比較好。如今，我家有小花園，可是他卻不種花，都是我在種花，他只負責修剪而已。」

＊一決勝負

「我要問我先生和我公公的關係。」

「我懷疑他們可能會大打出手。」

「眞的！」

「啊！爲什麼？」

「說出來大家一定不會相信，可是我先生和我公公眞的就是這樣。」

「我曾經在三峽住過，我看到的就是三峽街上打鐵店的畫面，大家應該知道打鐵店裡有燒得紅紅的鐵塊，也有一大堆刀子、鋤頭、工具等等。因果故事是這樣的，相鄰兩家打鐵店的家人，一天到晚老是拿著工具，在兩家的交界處各排成一排，互相對峙、叫罵。」

「我先生家眞的就是分成兩派，我公公、我先生的姊姊還有他弟弟是一派，我婆婆加上我先生是另外一派。你們相信嗎？我公公會把汽油潑在我婆婆身上，我先生的姊姊會罵我婆婆討客兄，我婆婆要報警的時候，我先生的弟弟會拉住我婆婆，不讓她報警。我婆婆老是覺得我搶了她的兒子。」

「那一世，那兩家打鐵店就是爲了土地的問題而爭吵，其實也沒有什麼，就好像舊屋要翻新，兩個房子之間那道磚塊砌成的牆壁，到底是屬於哪一家的所有權呢？照理說，一邊一半就行了，可是他們就是談不攏。」

「這一世，也是爲了這個在吵架，我先生的姊姊覺得財產分配不公，於是慫恿我公公……，我先生也和他姊姊大打出手，一個腦震盪，另一個血流滿地，都送到醫院……，連警察都懶得管我們家的事。現在我公公已經和我先生對簿公堂，告到法院了。」

我的描述文雅多了，事實上，那一場座談會有很多案例滿特別的，尤其是這一個因果故事，就像是八點檔連續劇，再加上當事人說話的口氣與表情，如果您是在現場的話，只有一句話可以形容：「過癮！」

各位！這兩家打鐵店的家人，爲什麼要來轉世呢？沒什麼，一片牆壁，這麼簡單的問題，搞到兩邊人馬拿著工具對峙叫罵，既然分不出勝負，那麼何妨再來一次呢？再來學習一下！

看看誰先學會「忍一口氣」。以前是鄰居，現在是一家人，角色雖然變了，可是，可憐啊！習性卻一點也沒變！

＊渴死與喝水

一對夫妻同來參加座談會。妻子問夫妻兩人的過去世因果。

在某一世裡，先生是一個修行很好的人，當時他是個退休的國師，自己一個人住在很遙遠很荒涼的沙漠地區修行。那是個沙漠過客必經之地，因爲在國師居住的附近有一個天然的泉井，大部分的旅客都是算好了行程到那個地方去補充水分的。

有一日，泉井乾枯了，國師爲此而特別外出數日想要找尋補救之道。就在這個時候，有三個疲憊又乾渴的旅客來到了此地想要好好補給一番，沒想到……，這三個人就這樣渴死在泉井旁邊。

等到國師返家看到此景痛心不已，他責怪自己沒有事先在泉井之前數哩處，立個標示提醒旅客，請他們另覓水源。於是在轉世的時候，他自己要求老天爺讓他就近來照顧這幾個因爲口渴而冤死的過路客。其中一位旅客就是這一世的太太。

從這個因果故事中，我們可以淸楚的了解到，這一位國師應該是沒有欠這些過路客的，但是就因爲他修行修得很好，所以他自責是自己的疏忽而害死了這三個人。眞正修行功夫的高低，從這個例子就可以很明顯的看出來了。

臺北縣某小姐

伶姬小姐：二十八日從問路咖啡出來後，心情開朗，雖孩子性別問題無解，老公事業無著，仍是頗有收穫，特來與您分享，盼您能在忙碌中，也分享我們的快樂。

平日中，老公經常要我喝水，雖念在他一片好心有時也煩。那晚，聽完您一席話剛出門，一上車，老公又說：「你會不會口渴，我有帶水。」我靜靜的注視著他，他會過意來，忙說：「喔，不是我害死你的。」

不知我的笑話說得可好，能否博君一笑，每日他要我喝水時，就會開懷大笑，從您這兒我知一切都有因果，始眞心的感恩自己所有的際遇，感恩身邊所有的人事物。平凡是福，平淡也很棒，挑戰也可以，生命中的各種滋味都值得品嘗，何況我們眞的擁有許多。

＊犧牲自己的哥哥

這是一個很短的因果故事。

對方是個三十多歲的男士，他問與父親的因果關係。我的畫面很簡單——一大塊布就像是一條大大的床單，兩頭各有一個人用手拉著，突然在我視線左邊的這一位男人抽刀狠狠的把布從中削斷了。我的畫面常常有類似兩個人一起扭乾大床單的鏡頭，這個解釋是指兩個人互相幫忙通力合作，是種譬喻式的畫面。雖然出現在我眼前譬喻式的畫面也許大同小異，但是輸入我腦袋瓜的因果故事卻不見得一模一樣。而抽刀削斷床單又是怎麼一回事呢？

這還是個譬喻式的畫面，原來在某一世裡，這一對父子是一對兄弟的關係，父親是哥哥，兒子是弟弟。父母早死，哥哥一手拉拔弟弟長大，到了相當的年紀，哥哥期盼弟弟能夠獨立自主，偏偏弟弟在哥哥的羽翼下，一點都沒有意識到自己必須學會成長學會自立。眼見弟弟如此不懂世事不想面對現實，哥哥覺得事態嚴重，既然軟的行不通，於是只好毅然決然的把弟弟給拋下，希望他能有所覺悟。但天不從人願，弟弟並沒有因爲哥哥的離去而有所警惕有所成長，反而被環境給打敗了。哥哥知道之後懊悔得不得了，總覺得是自己阻礙了弟弟的成長，害了弟弟一輩子。

從因果的角度上分析，如果只是單純過去這一世的行爲而不牽涉到上上一世的因果關係，那麼這個做哥哥的根本就不欠弟弟，完全就只是弟弟自己一個人的問題而已。好了，哥哥死了之後，覺得他自己必須爲弟弟的不能獨立負責，於是向老天爺申請再來轉世幫助弟弟，用他自己認爲可行的方式再來親自教導弟弟，什麼樣的一種方式呢？各位您看了之後，也許會覺得不可思議，覺得是我這個通靈人在編故事，沒關係！我的重點只是希望大家不要死守著一般對因果的解釋——「欠債還債」的觀念。其實因果輪迴轉世的原則並不是墨守成規一成不變的，尤其是碰到一些「很有心」的人。

「你過去世的哥哥轉世來做你這一世的父親，他老人家最主要的目的就是想辦法讓你在這一世裡能夠學會獨立自主，他並沒有欠你，你也沒有欠他，你們之間的因果關係是好的。」

「這一世你夠獨立的了！」他身邊的幾位朋友異口同聲的說著。

「爲什麼呢？」糟糕！又來了！覺得好奇的人居然又是我！如果他們不說我只有一頭霧水，我不會就此罷休的，我會想辦法印證的。

「我父親在我小學四、五年級的時候就得了輕度中風，家中……後來……。」

我也相信這一位男士在這一世裡眞的早早就學會獨立了，這一路走來他也許因此而碰到了很多的挫折很多的困頓，但是坐在我面前的卻是一位和善謙虛的精神科醫師。他的父親爲了讓過去世裡的弟弟成長而選擇了讓自己在這一世裡中風，這樣的因果故事，您能夠相信能夠接受嗎？

我很喜歡也深受感動。

＊小牛魔王轉世

還是一個女人問她的姻緣。

「對不起，妳可能沒有姻緣。」

「那跟我的過去世有沒有關係呢？」猜猜看我看到了什麼，在此先賣個關子。

「我覺得你的脾氣不太好。」

「對！我的脾氣眞的很不好。」她自己說，連一旁的朋友也拚命點頭。

「我覺得你的人際關係非常差，無法和人和平溝通。」

「對！我說的話常常會令聽的人很生氣，可是我卻不知道別人在生氣什麼。」

「對不起！我不知道你在說些什麼。」

「喔，我的意思是我所說的話常常會讓人聽了很生氣，可是別人生氣了好久，我都還不知道他們到底在生氣什麼。」她的這一番告白，把大夥兒給弄笑了。居然還有這種人，還如此的坦白，滿可愛的！

「我知道你在說些什麼了，就好像東方人不太容易領會西式的幽默。」

「你知道我看到的是什麼嗎？……因爲你是這種……來轉世的，所以根本沒有辦法一下子就進入人世間的情境裡。不過你要先想清楚的是能夠由……轉世爲人，可見得你的修行有多好，只不過是一下子還不能適應而已。老天爺希望你先做個單純的世間人，學習單身生活一陣子之後，再來談論姻緣這個部分。如果在這一世裡馬上就讓你進入複雜的婚姻生活中修行，那實在是太殘忍了，你一定會打退堂鼓的。所以先清靜一世，看看所謂的人世間到底是怎麼一回事。」

各位，您可知道我看到的是什麼嗎？一個小牛魔王而已，他頭上的兩個小彎角我看得好清楚。

考試

這一章的〈考試〉和下一章的〈服務〉，大部分是針對「外星人」而寫的。誰是外星人呢？

有時候我會用「菩薩」稱呼，有時候就用兩個字代表——「祂們」。首先必須說明，和任何宗教信仰都沒有關係。

從第一本書開始直到現在，我一直刻意和宗教保持距離，因爲我所謂的「修行」，就是修正自己的行爲，就是在日常的生活當中，注意自己的起心動念和所作所爲，這和宗教有關聯嗎？沒有宗教信仰的人，難道就不用修行了嗎？

如果有「上」、「下」之分，那麼我所指的「祂們」，是指「上」面那個時空的「人」。祂們也許有宗教之分，但是卻從來沒有「人」來告訴我，祂們怎麼分法。有時候一閉眼，畫面會出現一個很漂亮的銀色「十字架」，有時候會出現米開朗基羅所雕刻的「聖母慟子圖」，這時候，我就知道來問事者，可能和基督教或天主教有「特別」的緣分。

七年前，我帶著三個孩子到歐洲觀光，到了梵諦岡大教堂，我的「祂們」叫我往裡面走，要我跪在聖母像的面前。傻傻的我只敢跪在最後一排，因爲我實在不知道雙手該擺在哪裡，該用什麼樣的方式祈禱。只好低著頭，用眼角餘光向左右兩旁的信徒瞄來瞄去。最後我只說了一句：「您好！我是來自台灣的蔡伶姬，向您問安，請保佑我們一路平安。」

等我離開了教堂，坐上了遊覽車，唉呀！怎麼磁場這麼強、這麼陌生呢？是誰呢？「要找到一個願意完全忠實翻譯的通靈人，很不容易，所以，希望妳能留在義大利。」我回話：「不可能的！我的家、所有的家人都在台灣，對不起！我實在沒有辦法留在義大利爲你服務。」各位，也許你會認爲我是在說大話，但有這個必要嗎？當時同團的一位小姐，正好也是對磁場有感應的人，就坐在我後面，她說：「怎麼磁場突然變得好強喔！」

常常有人會問我：「妳現在通的是誰呢？」「通的是誰，重要嗎？」

如果從現在開始，不管過去世的「因」是好、是壞，不管這一世的「果」是好、是壞，只要從現在開始，不再造任何惡因，盡量「智慧型」的行善，死了之後，又能夠很清楚的告訴祂們：「別人欠我的，我統統原諒他們；我施恩給別人的，我統統不求回報！」那麼一世一世的過去，終有那麼一天，你償還了所有的債務，就絕對有機會提升到另一個屬於祂們的「時空」。也許那兒就是西方極樂世界，也許就是天堂！也許這才是「放下屠刀，立地成佛」的本意。

下凡來考試

據我了解，那個時空有好幾個層級，我常用這樣的例子解釋，有幼稚園小班的、中班的、大班的，有念小學一年級的……有國中二年級的……有大學四年級的……博士畢業的也有。如果念小班是修行程度最低的，那麼博士班畢業，就是最高的程度。念小班的有一大堆人，能夠晉升到國中的，就少了一些……，可以讀到博士畢業的，就少之又少了。就像一個三角形，越是在下面底部的，就是修行程度較低的「祂們」，越是在三角形上端的，就是修行越高的。

不管哪一個層級，只要想往上晉升，就一定得變成世間人，「下凡」來實習、考試，考試通過了才可以晉階，考試沒過的話，不但不能升級，還得連降好幾級。這有點像醫學院的學生，在學校念了一大堆理論，也做了一大堆解剖，但是最後的階段卻一定要到醫院實習，還必須實習通過才可以畢業。對死人動刀不難，對活人動刀沒問題嗎？對模型人看病很簡單，對動來動去的小朋友，又該如何呢？再想想師範學院的學生，也是念了一大堆，但是要他上台面對活潑、搗蛋，不按牌理出牌的學生，又該如何應付呢？「知」，是一回事，「行」，往往又是另一回事。考試通過了才可以晉階，考試沒過，還考得太離譜的話，不但談不上什麼連降好幾級，根本就「無路可回」了。

祂在人世間所留下的一大堆爛攤子，都得由祂自己去收拾善後，不管祂是從「上面」何等崇高的地位來考試都一樣。從此之後，祂就得在人世間開始不斷的輪迴轉世，親自去償還祂所欠下的種種債務。哪一天才可以「回上面報到」呢？答案和任何人一樣，並不會因爲祂曾經從上面下來而有所不同。

很多人很得意的說：「通靈的說我是從天上下來的。」是啊！是從天上掉下來的沒錯，只是那是「幾世」以前的故事呢？是上一世嗎？如果是上一世，那才值得你驕傲，問題是這一世結束時，你保證你回得去嗎？就算回得去，成績又如何呢？如果你是「好幾世以前」從上面下來的話，那麼你就得好好研究一下，現在的你到底是什麼身分呢？是來考試呢？還是回不去的呢？

「人世間」是「祂們」的大考場、大道場，這些祂們，口口聲聲要我們悲智雙修雙運，祂們自己又如何呢？做得到嗎？很簡單，把祂們「丟下來」，混在人世間，像世間人的輪迴轉世一樣，沒辦法知道自己過去的一切，在立足式的平等基礎上，祂們會比眞正的凡人更高竿嗎？未必吧！因爲祂們絕對比一般的凡人轉世更容易「水土不服」，說不定「迷失自我」的可能性更高呢！

常常有人問我：「妳看我要怎麼修，才可以不用再來輪迴轉世當人呢？」對這種人，有時候我會不客氣的回答：「如果你不想再來，那你就是笨蛋！因爲你不來轉世當人，就永遠沒有升級的機會。」也有人這麼說：「那有什麼關係呢？我繼續留在上面也很好啊！」是啊！是很好，但是如果修業的年限到了，而你還沒有交出論文、通過考試的話，請問，能給你畢業或結業證書嗎？拿不到證書也就罷了，還得被逐出校門。換個宗教一點的說法，那就是你在「天上的福報」已經享盡，必須再下來重新當人了。

其實在種種不同原因的輪迴轉世中，例如，欠債還債、感恩報恩、學習等等，老天爺都會盡量想辦法在其中加些考題，讓當事人有更多機會展現修行的眞功夫，增加升級的機會。犯人被關在監獄，如果有心的話，不是也有繼續讀書的機會嗎？不是也可以出來參加考試嗎？如果考上了，等他服刑完畢或符合一定條件，不就可以去就讀了嗎？老天爺出了考題，給了機會，但也要當事人有心要更上層樓，並且用心努力，才有成功的機會。

還記得，有位在過去世裡被這一世先生強暴的女人，淚流滿面地找我來問事（請參考《如來世1——通靈經驗》的〈通靈與催眠〉），祂們告訴她說：「妳是個累世修行得很好的人，而妳這一世裡的先生又有心來還債，於是老天爺就利用這個因果關係繼續考驗妳，祂們故意讓妳變成好像是債務人的角色，看看在這個迷亂的人世間，妳自己有沒有智慧悟出『冤冤相報何時了』以及『冤家宜解不宜結』的道理……。這是個魔考，如果妳考得過，就可以往上跳好幾級。」

到底下來考些什麼試題呢？還不就是「悲智雙修雙運」而已，只不過偏重在「智慧」的考題比較多，因爲「慈悲」是修行者最基本的要求，而「智慧」才是升級的要件。考題出在哪裡呢？就在日常的生活中，所有輪迴轉世該注意的重點，統統是考試的範圍。一般人來轉世也許是因爲還債、報恩或學習等過去世的因果關係，但是對從天上掉下來的「祂們」就不一樣了。

這些人之所以能夠從天上掉下來，就表示他們過去世的修行的確不錯，也就是說，這些人就是因爲沒什麼因果債，所以才能夠升天，才有機會下來接受晉升的考試。他們的轉世，往往和周遭的人沒有什麼因果關係，但卻一定要「借用」別人的肚子不可。既然須「借用」別人的肚子來轉世，那麼就一定要「有恩報恩」，所以通常「祂」的轉世，會爲他的父母帶來一陣子的財運。

這一世，對他而言，所碰到的種種問題，幾乎全部是考題，所有的起心動念、所作所爲，都是晉升的評分根據，也都有可能成爲他下一次轉世的「因」。此生此世的他，帶著一片空白來轉世，一切都從「零」開始。

夫妻關與心靈外遇

考題就在生活當中，說簡單很簡單，說平常也很平常，但往往就是因爲太簡單、太平常了，反而讓應考者低估了一些細節。一旦細節錯過了，後面所引發的影響可就大了。當發現不太對勁，想要重新再來時，卻已經來不及了，再多的後悔也無濟於事。

根據我的經驗，哪一個考題是最「難過」的關卡呢？夫妻關！

還記得我在《如來世1——通靈經驗》提到，一九九八年十月二十日祂們中的圓圓主講的〈修行中的夫妻觀〉中，好多女人告訴我：「我看這一篇，就好像是在回顧自己的婚姻一樣。」太棒了！有這麼多的修行人轉世成爲女人，加油！台灣的女人！但是這一篇是「祂們說」的，並不是我統計歸納出來的通靈經驗談。

心靈外遇因爲座談會越開越多場，所以接觸到的人也越來越多，很多來參加座談會的，都是屬於「心靈成長」或「諮商協會」、「讀書會」等團體的成員。這些成員所問的問題和一般來問事者的問題，有很明顯的不同。

一般人問的，大部分是偏向「目前無法解決的困境」或是「想提早知道未來」，例如，我的債務什麼時候可以還清、何時可以結婚，對象會不會有外遇、我應該從事哪一行、以後會不會很順、很有錢、我老的時候，小孩會不會拋棄我等等，比較「世俗化」或「迷信」的問題。而這些成員所提出來的問題，比較傾向「自我內心」的追求與探討，我喜歡和這些人多聊一聊，因爲藉由一些「有心想成長」的人所提出來的問題和祂們的解釋，每次總讓我受益良多！

「祂們說」是這樣的，那我的經驗談又是如何呢？凡事沒有絕對的，我的經驗也一樣，來了五個問事者，也許四個有同樣的情形發生，那麼就會引起我的注意，我會從四個人當中，先找出一個大概的模式，如果又有新的案例出現，我就會先把我的模式說出來，請對方先印證看看，是否眞的能夠符合我想像的模式。巧的是，好像還眞有那麼一回事。請注意！以下所寫的，只是我通靈多年來的經驗談，不是「必然會如此」。

我注意到，這些轉世爲人，到人世間來學習、考試的「祂們」，在「婚姻」這一項考題裡，似乎很少有人可以拿高分，不及格的還佔一大堆呢！考題眞有那麼難嗎？才不是，就是因爲題目太簡單了，才會讓這些高手栽了跟頭。

剛開始的時候，好得很！愛情和麵包同等重要，夫妻雙方共同爲了這個家而努力，生活有重心——家人、事業。漸漸的，經濟穩定了，孩子長大了（這些人的孩子，通常都表現得不錯，不需要父母操心），聚焦點不見了，生活的步調也跟著鬆散了，這時考題就出現了。

我個人以爲老天爺在這時才把考題拿出來，是很高竿的一著棋，因爲外在可以干擾的因素都平息了，而夫妻兩人，單身的日子有過，共同生活的經驗也有了，選在這個時候才考這一關，很合理也很公平！就在四、五十歲左右時，開始考「婚姻」這一題。

本來兩人的步調是一致的，然而這個年紀，「空巢期」出現了，因爲孩子自立了，生活定型了，生命卻像突然枯萎的花朵一般，沒有了重心，失去了活下去的支撐點。警覺性較高的一方，無法認同此後的日子就這樣死死板板、無趣的走下去，於是強逼自己跳出原本自以爲「幸福」的生活框框，勇敢的接受「學習與服務」的挑戰。這個跳出來的一方，往往就是「祂們」來轉世的。

一個先跳出來，另一個未必認同，就算認同也未必一定會跟著跳出來，因爲有時候，還是得要有一個人賺錢養家！這個好命的他（祂），開始尋求他所想要的生活，也許是學習某些技能，也許是去當義工，也許是……。總之，他的生活又開始有了新鮮事，也一頭栽了進去，像個小孩子般的快樂。

漸漸的，他在新生活圈圈裡，認識了好多新朋友，也找到了可以談心的知己。他們敞開心胸談天，談他們共同去學習、服務的心得，而這個心得卻是自己的配偶所無法了解的，因爲他沒有時間加入相關的團體。只是這個可以敞開心胸談天的朋友，往往是「異性」。也難怪是異性，因爲同性之間，似乎比較沒有那麼大的心胸，去欣賞或包容對方的才華。「同性相斥，異性相吸」用在人身上，也差不了多少！

日子越長，夫妻之間的差距也越來越大，差距越大，越是思念那個能夠談心的異性朋友。到了這個時候，「愛情」早已悄悄的取代了原先的「友情」，這個考試早已考了三分之一而不自覺。等到發現時，天啊！怎麼辦？「我從來就沒有想要結束自己的婚姻！我根本就不是這種人！我從來就沒有想要介入對方的婚姻，破壞他的家庭！」

如果很不幸的，他們已經發生了「肉體外遇」，那就不用多說了，準備回去受罰就是了！爲什麼？誰叫他要出生在台灣，台灣的法律規定「通姦」是犯法的，不是嗎？要談修行，「守法」是基本的戒律，遵守你身處這個時空的法律。

如果他說：「還好！我沒有肉體外遇，我只是心靈外遇而已，我沒有犯錯！」沒有犯錯是他自己說的，可不是評審委員說的。

注意！等到這些來考試的「祂們」，回老家去報到時，就算他自己先自首：「對不起！我只是心靈外遇。」評審委員也只是笑笑：「沒關係！我們不反對你和對方一起聊天談心得，就算人世間說那是心靈外遇，我們也不覺得怎樣，就只是朋友，只不過是個很有默契、很談得來的異性朋友罷了。不過，請告訴我們一個很肯定的理由，請告訴我們，對方有什麼特別的長處，值得讓你付出心靈外遇這個代價去學習？」

曾經有個女士回答我：「因爲對方很慈悲。」祂們說：「慈悲的人多的是，你爲什麼偏偏選這一個人。」她又說了：「他心很軟。」祂們又說了：「心軟的人多的是，你爲什麼不去找別人學習呢？爲什麼偏偏要和這一個人學習呢？」

「心靈外遇不是不可以，但是有一個必要條件，就是對方一定要有值得你學習的優點才可以。如果你說不出所以然來，那麼，對不起！我們認爲你沒有通過這一個婚姻的考試，因爲你對不起家中的另一半。家中的另一半也許並不是不想和你一樣，盡量找時間，到處去追求心靈的成長，只不過生活的經濟重擔，還是必須有個人扛起來，他接下了這個擔子而已。你可曾回過頭來想一想，也許就是因爲配偶的付出與體諒，你才有福氣去追求想學習的東西。」

祂們說：「靜下心來，好好的想一想，要這樣繼續下去嗎？就算對方眞的有值得你學習的優點，但有必要傷害家中的另一半嗎？他做錯了什麼嗎？他對不起你了嗎？再深一層的想一想，到底是誰對不起誰呢？到底是誰忘了本，忘了飲水思源呢？追求心靈成長的結果是這樣子嗎？這是心靈成長還是心靈倒退呢？」

「值得學習的對象就這樣分手了，是可惜了點，那麼能不能想個法子，讓雙方或讓自己從愛情回歸到原來很單純的友情呢？對外面的另一半，從友情到愛情，再從愛情回到友情，你學到了許多，你也成長了，朋友依舊在，學習也無止境。對家中的另一半，縱然無法回到以前的愛情，但總不該是無情吧！如何從愛情到無情，再從無情到友情，你尊重了別人，你也成長了，家人依舊在，學習也無止境。」

這一次，她口氣很堅定：「雖然我已經和對方交往了二十多年，而且是在我還沒有結婚的時候就認識的，回去之後，我知道我該怎麼做了，因爲我想不出他可以讓我學習的優點。」

各位，如果你覺得自己正在考這一道題目，請好好作答吧！不要把責任推給家裡的另一半，也不要推給外面的另一半。根本就不需要知道這兩個內、外的「另一半」是什麼程度的菩薩來轉世，先救救你自己吧！

祂們的特性

（以下所列舉的，只是一般的通性，可能會隨著修行層級的不同而有差距。）

絕對守法、守信、守時，臨危不亂，不畏強權，果斷力強。

責任心重，盡力做好該扮演的每一種角色，力求心安理得。

擇善固執、獨立、主見強、還帶點傲性，不服輸，但尊重多數人的決定。

有禮貌、一視同仁，很公平有分寸；理性但不迷信，有錯一定認錯，堅持活在當下。

完美主義，如果能夠做得更好，一定重新再做一次。

不貪心、看錢不重，也許不擅管理自己的錢財，但對公家的錢財分毫必清。

雞婆不冷漠，犧牲奉獻的精神，寧可傷了自己，也不能害了別人。

能夠自己做就自己做，盡量不麻煩別人，只要可以，絕對願意幫助別人。

不會擺派頭，不會大小眼，心軟，常爲他人著想，所以人緣很好。

年歲也許已老，但心態一定不老；不管男女，基本上都是從對方的小動作、小細節去衡量人，並不會以貌取人。

藝術的眼光不錯，有美感，不見得會唱、會畫、會表演……但一定會欣賞。

是個很天眞可愛的人，心境像孩子們的一樣單純，笑聲爽朗熱情。

一定知道如何排解自己的情緒，會放空也會充電。
早熟懂事，常會有「這是很平常的做人道理，為什麼別人會不懂」的感覺。
與家人的情緣較薄，價值觀也比較不一樣，較易化小愛為大愛。
在人群裡，常是眾人注目的焦點，但內心深處卻總覺得自己不屬於人群。
常常想背起行囊隨意去流浪，到一個遙遠不知名的地方。
對一切充滿好奇與學習的心境，一定盡可能把握時間，充實自己。
學習能力很強，組織、分析、歸納的能力很好。
不輕言放棄，也許會悲觀看人生，但絕對持積極的人生態度。
不僵化，目標也許不變，但會適時的調整自己的路線。
不藏私，一定樂於將自己所會的教導別人。
非常注意自己身體的健康狀況，但隨時做好死亡的準備。
不害怕死亡，也不害怕再轉世為人，如果可以，還是選擇為人群服務。
第六感的直覺判斷力很強，對自我有期許，願做自己心目中的「我」，而不做別人眼中的「我」。

比較一下個性吧，您覺得自己像不像是個來人世間考試的「祂們」呢？

來考試的祂們與人世間的因果

在這裡我要說明的是——來考試的祂們，和這一世裡的凡間家人有什麼樣的因果關係。假設下凡來考試的主角這一世轉世為男人，名叫「大華」。如果要讓大華來轉世，就必須要有父母才行，我們假設大華的父親叫做「老林」，母親叫做「阿美」。因為要考「夫妻關」，所以還要有女主角，大華的妻子叫做「英英」。大華有兩個小孩，姑且就稱他們「小朋」和「小金」。老林配阿美，大華配英英，再加上孩子小朋和小金。

要說明這些人的因果關係，起碼要有三世的因果才能夠說明清楚。這三世是第一世、第二世、第三世。為什麼我要說明祂們與家人的關係呢？如果大華是由天上下凡來考試的話，那麼升天以前的他，必須沒有任何債務，也必須放棄所有的債權，才有資格可以升天。既然升天了，那麼就表示大華和凡間的任何一個人，都沒有所謂的「債權債務」關係。大華要下凡來了，那老林、阿美、英英、小朋、小金又怎麼會和大華牽上線呢？

如果您看得懂〈因果圖〉，就可以知道如果大華要來轉世，只要和父母其中一方有因果關係就行了，我們就假設大華是因爲老林的關係來轉世。

在第一世裡，大華曾經救過老林一命，老林感激在心，一直想要報恩卻苦無報恩的機會。大華死後告訴老天爺說：「我施恩不求回報」，再加上大華累世的債務都已經清償完畢，這一世裡也沒有新的債務發生，所以大華達到可以升天的資格，飛天去了！被大華救起來的老林，因爲是受恩者的角色，所以是個債務人，既然是債務人，就不能升天。

第二世，大華在哪裡呢？在天上修行。老林在哪裡呢？在人世間準備報恩。老林碰不到眞正的債權人，怎麼報恩呢？在第一世裡，老林是因爲溺水而被大華救起來的，如果老林有心報恩，在第二世裡他就有可能加入救難大隊的行列，或捐錢到救難大隊等等。如果老林無心報恩，沒關係！老天爺自有安排，祂們一定會想辦法「強迫」老林，爲那些受難者出錢出力。

第三世，大華要來考試了！老天爺必須要爲他找一對父母親，好讓他有機會可以投胎轉世，等到大華結婚之後才能夠考「夫妻關」。想想從懷孕開始到大華結婚，這一路走下來，老林和阿美這一對夫妻要花費多少精力和金錢呢？別忘了！老林可沒有欠大華！就算老林要報第一世的救命恩情，也早在第二世就報到別人的身上了。

但總不能讓老林和阿美吃虧吧！可是也不見得是大華自願下來考試的啊！爲了讓大華可以下來考試，老天爺就得爲他準備「盤纏」；爲了讓大華可以平安長大應試，大華就得把自己的盤纏變成「借肚費」、「保母費」還有「所有的生活費」，乖乖地雙手拿給老林夫婦。這一筆費用可眞不少啊！

別以爲大華帶來的這一筆生活費，老林一定拿得到，老天爺可是有條件的，記得！大華是祂們的人！只要符合條件，大華生下來不久，保證老林的經濟狀況一定會改善很多。不過，也別高興得太早，這筆大華的生活費隨時可能會被祂們收回去，如果老林不照合約走的話。

祂們的合約是怎麼約定的呢？

一、既然經濟狀況沒問題，老林和阿美就得親自撫養孩子長大，尤其是出生之後到滿三足歲的這一段期間，祂們的要求更嚴格。爲什麼呢？如果這麼小的孩子體會不到人世間最基本的父愛或母愛，將來的大華又怎會有「愛人」、「助人」的心呢？沒有安全感的小孩能有什麼作爲呢？

二、不管老林夫婦生了多少兒女，他們對待所有的子女都必須堅持著一個基本原則——「不分男女，一律平等」。爲什麼呢？一來，老林根本不會知道哪一個小孩才是「祂們的人」轉世的。二來，祂們最講究民主，民主的前提一定是平等，如果大華能在公平、信任的環境之下長大，那麼他就會用「平等心」，而不會用「分別心」看待這個世界。

三、老林夫婦對孩子的養育、教育，一定要絕對地付出，只要付出，老天爺的補助費一定會源源而至。但是，絕對不是阻礙孩子們的成長。

四、老林的婚姻一定要很小心經營，因爲在大華未滿二十歲以前，他們不能離婚。這個條件很嚴苛，對現在的年輕夫婦而言，簡直就是「要命」兩個字。可是大華是要來考「夫妻關」的，老天爺一定要讓他有個基本的婚姻模式可供參考，所以，只好請老林夫婦加油了！下來考試的人選很多，如果「立足點不平等」，回去之後，又該如何評分呢？

再回到第二世，我們談到老林的有心報恩與無心報恩，老天爺很聰明，祂們不會把一大筆的生活補助費，寄放在一個無心報恩的債務人身上，那絕對不保險。所以老林這個人選的決定，一定是個有心報恩的受恩者。

想想自己！想想您的婚姻！想想兒女吧！也許您的兒女就是祂們來轉世，就是您的「搖錢樹」。老天爺給的這一筆「生活補助費」可不少，絕對是穩賺的行業，可是您達得到祂們的要求嗎？「天下沒有白吃的午餐」，這是祂們的座右銘，如果您不守約，祂們會把補助費收回去的。祂們寧可犧牲自己的人（下一世再來考就行了），也不願意看到「考試不公」的結果。

至於老林和大華碰面又會是如何呢？

老林看到大華，潛意識裡就會想起「上一次」，自己被大華救起來的那一幕，他會很感激大華，想要對他好、對他付出，再加上大華出生之後，家中的經濟又開始好轉，老林會想就是這個小孩爲他帶來好運的……。

大華看到老林呢？就會回憶起「上一次」和老林碰面的那一幕，覺得自己就是施恩者，所以常常就會擺出債權人的臉色，再加上剛從上面下來，往往還會帶著一些傲氣，因此和父母講話的時候，口氣不太有禮貌。大華忘了他是個放棄債權的人，忘了他曾經修得不錯才升天的。總之，大華錯了，因爲他對父母親的態度，早已經進入計分的範圍了。

夫妻與子女

前面我們所討論的是大華的父母是怎麼挑選來的，接下來我們要看的是大華的老婆——英英，又是怎麼決定的。

各位讀者，這一大段就請您自己花點腦筋想一想了。

一、一樣是用三世因果的方法解釋。

二、只要把父親老林變成妻子英英。

三、把大華救起溺水的老林那一幕，改成英英把大華推入水中致死。也就是說把「有恩報恩」改成「欠債還債」。

四、當然也可以直接就把老林改成英英，一樣是「有恩報恩」。

至於大華和英英這一對夫妻婚姻生活中的相處情形，又會是如何呢？不妨參考書中的因果故事，您也一定可以寫出一大篇故事。大華的子女又是怎麼來的呢？更簡單了，小朋和小金都是因爲英英的關係來的。

對待來考試的朋友，不管是大人還是小孩，很簡單，千萬不要來「硬」的，祂們都是屬於「吃軟不吃硬」的那一族。他們自傲、固執，他們自命清高、孤芳自賞……，但是那一顆「心」比誰都軟。只要稱讚他們（不是阻礙他們的成長），就算他們想變壞，也是很有限；只要他們想要變好，再狠、再壞的人，也都一定會「下定決心」，懸崖勒馬。

好多、好多的祂們下來考試，別忘了！這一世祂們的所作所爲，都只是「因」而已。這一世走完之後，有幾個祂們能夠達到「升天的標準」，高高興興地回去報到呢？變成「債務人」，繼續留在人間的佔大多數。就算您已經走錯了，不要怕！回頭是岸！早回頭，早到岸！

上面的祂們永遠爲各位預留了座位，只是您還記得那個家嗎？什麼時候，您才想要回家呢？

＊來世再努力

一個女兒和另一個女婿問起媽媽的身體狀況，這已是這位老人家第三次中風了。女兒想爲媽媽延壽，但我不認爲應該如此。

「妳有沒有想過，如果延壽，妳媽媽也只是像植物人一樣躺在床上，那又有什麼意義呢？」

「可是，她現在就已經和植物人差不了多少了。」

「既然是這樣，爲什麼還想要延壽呢？」

「總是自己的媽媽，捨不得讓她走啊！」

「我覺得妳很自私，我相信妳不用照顧妳媽媽的，妳只是偶爾回去看她老人家一下而已。妳知道嗎？照顧植物人是很累的一件事，我婆婆倒下來的時候，我公公爲了兒孫各有家庭要照顧，於是他自己辭職，專心在家照顧我婆婆。等到我婆婆過世以後，有很長的一段時間，我公公還是固定在夜裡每隔兩個鐘頭就起來一次，爲什麼呢？因爲婆婆在世的時候，他每隔兩個鐘頭就得爲她翻身一次。」

「我來看看妳媽媽的因果好了。」

畫面——這一次，居然沒有畫面。

訊息——原來，這位老人家是一位在過去世裡修得很不錯的人來轉世，但是，這一世裡，似乎修得不是很理想，潛意識的她很害怕回去報到，因爲一回去就降級了，所以她就一直撐著，不願意丟下這個臭皮囊。

「我媽媽很奇怪，常常會在半夜大哭大叫，搞得左鄰右舍都很煩。」

「也許吧！也許她的潛意識在半夜時會更清醒，當然了，她也就會更害怕回去報到。」

「那麼我們該怎麼辦呢？」

「在她耳邊，清清楚楚告訴她，害怕是沒有用的，降級就降級，總是會有回去報到的一天，如果她想得通，那麼來世再好好努力就是了。請她一定要有心理的準備，這樣子，再來轉世的時候，才能夠用一種比較心平氣和的心態來接受自我的懲罰。」就是這樣，修行得越好，相對的，提升的標準也就越高。

從〈欠債還債〉、〈有恩報恩〉、〈學習〉到這一章的〈考試〉，相信您已經看了很多的因果故事，各位有何感想呢？有一個觀念很重要，不要以爲帶給各位苦惱的事都是業障，都是來要債的。有些剛好是顛倒，是老天爺故意讓修行人「魔考」的考題，考考這些來自不同時空的修行者，到了花花的人世間，是否只顧著享樂而迷失了自己，還是繼續秉持著服務的理念，一步一腳印地走下去。加油！不管來的是業障或是魔考，我們都必須勇敢地面對。

服務

看完了上一章〈考試〉，會不會覺得你就是下來考試的「祂」呢？加油！不管你是不是「祂」，在人世間的任何一個人，在任何時候，都有考試的機會，有心與無心，過關時間的早晚不同罷了。還記得那句話嗎？「放下屠刀，立地成佛」，只要有心，永不嫌遲；只要無心，永無機會。

有的「祂」，更高竿了，是下來服務的，這些人眞的是帶「天命」、帶「任務」來轉世。爲了達成天命與任務，祂必須先出生爲一個「人」，然後和所有的人一樣，經過嬰孩期、幼兒期、兒童期……直到長大，深入人群，爲人服務，才有可能達成任務，回去交差。有什麼特權？有什麼特別嗎？什麼也沒有！一樣是經由媽媽的肚子懷胎而來，一樣是吃喝拉撒睡長大的，一切的知識技能完全靠自己的努力而得來。哪有什麼特別，根本就沒有辦法直接從石頭中蹦出來，一出來就是大人，就可以馬上爲人群服務，不過要先有一個正確的觀念，下來服務的「祂」，不一定就是屬於修行最棒的那一階層。

各位不妨翻翻《如來世1——通靈經驗》中〈祂們的不同〉那一章。同樣的道理，爲了配合人世間實際的需要，因此就會有很多不同層級的祂們被選中，被派下來服務。如果只是想辦個社區的小型幼稚園，你想有這個必要嗎？把遠在美國哈佛大學任教的理工科博士請回來，請他擔任幼稚園園長的職務。

告訴各位這個道理，是希望各位不要用分別心來看待這些轉世的菩薩。不過也沒什麼關係啦！反正我們也沒有辦法知道，哪一個人是屬於下來服務的祂們。很公平吧！再高層的菩薩，當祂們來到了人世間，和你我完全沒有兩樣，走在路上，誰也看不出來，不要說我們不知道祂的來歷，我想連祂自己都不知道，祂是何許人也。也唯有讓祂不知道祂是誰，才有辦法測出祂的修行眞功夫，才有辦法評量祂的服務成績。

還記得有個老菩薩嗎？我曾經問祂：「你已經這麼老了，爲什麼祂們還要派您來服務呢？」

祂這樣對我說：「在我們這一界，從來就沒有想過要安享餘年，我們總以爲只要還有被利用的殘餘價值，我們都很樂意付出。記得！一定要學會付出！」

曾經，在《如來世4——因果論二》中我談到了〈如果有下一世〉，我希望有機會當幼稚園的老師，或者是孤兒院的院長，因爲我喜歡小孩，我願意爲小孩付出我的愛。那是媽媽在安寧病房的故事，那一天，義工來探訪媽媽，告訴媽媽要專心的誦唸佛號，這樣子才會減輕痛苦，才能夠到西方極樂世界。媽媽側著頭，一臉不舒服的表情，她不是不喜歡義工，而是她更珍惜和家人相處的時光。

媽媽是一個非常在乎家庭的傳統女性，她知道日子已經不多了，所以更加希望能夠多看看我們。在我們面前，她可以很自在的對我們說她哪裡不舒服，她想要吃什麼東西，她想要再多翻個身……。但是只要一有外人在場，她就一定硬撐著，笑臉盈人。我們知道她很痛苦，因爲當她清醒的時候，平均不到五分鐘，我們就得利用床單爲她翻身一次。所以媽媽住院的時候，坦白說，作爲子女的我們，很不願意看到有客人來探訪媽媽。

義工在媽媽的左側說著鼓勵的話，媽媽的頭卻偏向右側，眼神在向我們求援。我只好試著轉移話題：「媽媽，這一條路早晚總是要走的，反正妳早就有心理準備，根本就不用害怕，不過，就算你能夠到西方極樂世界去修行、享福，可是我總覺得那似乎太可惜了點。因爲那邊都是好人、好命的人，根本不用你幫忙，也不差你這一個人。如果換成我是你的話，我就不會想要上去西方極樂世界，我會想要再來轉世，做個孤兒院的院長或老師，好好的教育這些孤兒。」

「那我也跟你一起去。」

「媽，妳說什麼，我聽不懂。」

「我不想去西方極樂世界，我也想跟你一起到孤兒院。」

「我是要去教書的，媽，妳要做什麼呢？」

「雖然我不會教書，可是我可以煮飯給小朋友吃。」

「媽媽，那妳要等我一陣子才可以，因爲妳會比我早死，我還會活一段時間，所以妳要耐心等我一下。」

各位，你以爲我媽媽如何呢？每次我講這一段往事時，常常就會有人鼓掌。是啊！誰敢說我媽媽不是菩薩？又有誰規定菩薩來轉世服務，就得一定要做大官、做大事呢？

我說媽媽不害怕死亡，這是眞話，她眞的不害怕，因爲住進安寧病房的第一天，她就對我說：「你有沒有把我要走時該穿戴的衣服帶到醫院呢？你是大女兒，要記得，當我斷氣時，妳一定要跪下來幫我穿鞋子。」她一向很堅強，也非常固執，不喜歡麻煩別人為她做事。她說過，她不要死在家裡，如果死在家裡，會很麻煩，因爲住的是電梯大樓，棺材該如何進出呢？再說也一定會影響到很多住戶的居家品質和安寧。所以，她打算在醫院裡斷氣，然後直接送到式場，直到出殯。曾有一陣子，她的狀況好轉，不符合住安寧病房的條件，醫生一再對我們說抱歉，說我們必須出院。可是說什麼媽媽就是不肯出院，因爲她「愛」上了榮總的醫護人員，在這兒她覺得很安全。

礙於健保的規定，就算爸爸想辦自費住院也不行，可是媽媽說什麼也不肯搬回家，最後不得已只好轉到一家私人醫院的安寧病房。沒想到，三天之後她又被救護車送回榮總的安寧病房。爲什麼呢？因爲在那家醫院發生了藥物中毒，媽媽一直呈現昏迷的現象。在榮總是好到被踢出病房，可是到了另一家醫院，馬上就出了狀況。也才不過回來第二天而已，她就好了，問她爲什麼會變化得這麼離譜呢？她好開心的指著天花板，笑著對我們說：「那邊的天花板那麼低，我看了就覺得很不舒服，我還是喜歡榮總高高的天花板。」也難怪如此，她一向就不喜歡天花板矮矮的房子，她說那種房子會讓人有很大的壓迫感。

媽媽剛進來榮總安寧病房時，是住第一號的病房，當她再度回來時，是住最後一號病房，同時也是在這間病房離開人世的。

對不起！又扯遠了。

服務，就是指到人世間幫忙。在座談會的時候，如果我說：「你是來考試的。」或者說：「你是來服務的。」那麼我所指的就是——你這一世來轉世的原因，就是來考試、來服務。

考試與服務的異同

來服務的和來考試的不一樣，來考試的，一定要考「夫妻關」也就是說，這些人應該都會結婚。但是來服務的，就不一定要結婚。同樣的，來服務的修行程度，也未必比來考試的修行程度高。

舉個例，要應徵一位照顧小嬰孩生活的保母，只要有照顧小孩經驗的大人就可以，可是要應徵一位碩士研究班的教授，那條件可就大不相同了。雖然這兩位應徵者的條件南轅北轍，可是小嬰孩的需求和研究生的需求，一樣都「很重要」。

老天爺並不會因爲一個人的種族、性別、年紀、財富、學歷等的不同，而有差別的待遇。在祂們的眼裡，每一個人都是「稀世珍寶」，所以祂們安排了許許多多程度不同的「小天使」、「小菩薩」來轉世，讓這些小天使、小菩薩就近幫助我們，指導我們。

這些來服務的祂們，一路走下來，一定可以發現一個特性，他們的錢一定剛好夠用。就算他是大企業家，但是屬於他自己私人生活，能夠自由花用的金錢，一定很有限。爲什麼呢？因爲祂們最怕——「有錢能使鬼推磨」。

爲了不讓自己的人馬被「魔鬼」利用，所以就只好限制小天使、小菩薩的「零用錢」。不過，如果眞的有花大錢的必要，祂們也絕對不會吝嗇，一定會一毛不少的如數奉上。結論就是，這些人可自由支配的金錢很有限，但絕對不會缺錢，可是，只要錢一多出來，就會自然的「被迫」花出去。

我常說一個笑話：「小天使、小菩薩的生活，一定沒有辦法買百貨公司當季的衣服配飾，他的收入只夠買花車的產品，或是週年慶、打折的時候再去買。」如果您笑我說：「那是因爲他們是小天使、小菩薩所以才會這麼窮，我是大天使、大菩薩所以我的零用金有很多。」

也許吧！但是根據我所了解的這一批人——轉世來人世間服務的大天使、大菩薩，他們的零用金眞的來得很容易，甚至不用他們自己花力氣去賺就可以輕鬆擁有。可是他們的錢，卻還是留不住，爲什麼呢？既然是大天使、大菩薩，自然就會悲智雙修雙運，把自己生活中多餘的財富，捐給那些眞正需要幫忙的人。

老天爺只是把這些原本就該屬於「需要別人幫忙的人」的金錢，藉由大天使、大菩薩的手捐出去、奉獻出去而已。這樣多此一舉的動作，爲的就是順便「考試」，考考這些來人世間的祂們，是否還會一本服務的初衷？是否下了凡就把持不定，被人世間的名利給迷惑了。

像這種「不會多錢也不會缺錢」、「金錢剛好夠用」的命格，一樣會發生在「爲了考試」而來轉世的祂們。從另一個角度探討這些「來考試」、「來服務」的祂們，也許可以用另一句話來形容他們的生活——「有名無利」。

「來服務」和「來考試」，最大的不同在那裡呢？除了結婚考夫妻關，這一點不一樣之外，另外最大的不同就是，如果是「來考試」，那麼就不會事先透露考題，一切憑本事應考。如果是「來服務」，那麼這些人如果走歪或走偏了，豈不是丟「自己人」的面子嗎？

應該如何提醒這些來服務的人正念正行呢？如果他們做錯了，又該如何處置呢？通常剛開始的時候，在「上面」的記憶還略有所存，所以他們的所作所爲，真的就像「聖人」一般，一股清流，一顆明星，獲得周遭衆人的掌聲。慢慢的，圍繞在他身邊的人越來越多，他自己的想法、做法也隨著衆人在改變。他，迷失在人海中。清流變濁水，明星也殞落了。

爲了避免類似狀況的發生（要培養一個來服務的天使或菩薩，還得花一番功夫），通常來服務的人，一有「惡念」出現的時候，老天爺就會「點」他一下，讓他來個「厄運當頭」或「現世報」，提醒他不要再犯錯了。

「厄運當頭」或「現世報」，通常是在惡念出現的數小時內就會發生，爲的就是「當頭棒喝」。所以，我常提醒各位，也許你不見得會知道自己就是轉世來服務的大菩薩，但是只要細心觀察自己的生活，自然就會明白。

一有惡念，沒多久就「厄運當頭」，你該知道那是什麼意思。你可以說那是「現世報」，但是你要知道能夠有現世報的人，他是什麼樣的身分背景呢？因爲在一般的因果輪迴轉世裡，「現世報」實在不多見。

如果你能夠就此打住，恭喜你！如果還是沒有得到警惕，繼續「打混」下去，那麼我可以跟你保證，保證你回去報到的時候，一定「死得很難看」。也許世間人還不知道你做了什麼壞事，可是……，你自己的黑盒子，卻毫不保留的錄下了所有的一切，包括你自己的起心動念。

還有一種更高竿的服務者，他們默默的行動著，隨著歲月的流逝，完全不改初衷，一步一腳印、實實在在地前進，日積月累的功夫，在他們的身上一覽無遺。也許等到他們離世了，大部分的人還不知道他曾經存在過，可是他的影響，卻早已深入人心。

別以爲「來考試」的就純粹來考試，「來服務」的就純粹來服務，不一定！有純粹來考試的；也有純粹來服務的；但是也有主要是考試，卻順便做一些服務的工作；也有主要是服務，卻順便考一考特殊的題目。（通常是越高層的祂們，才會有這樣的機會。但是這種人的生活，絕不是一般人能夠效法或體會得到的，因爲祂們的心中已沒有自己的存在。哪些人呢？那些把終生奉獻在弱勢團體的大天使、大菩薩。）

我曾提到下面這一段話：

「祂們常說如果想要行善的話，有兩條路可走，一條是贊助到教育路線，一條是贊助到醫療路線。爲什麼呢？一樣是硬體與軟體的解釋，既然是人身難得，那麼人身的這個肉體是硬體，人身的這個思想是軟體。幫助人的肉體和思想，就是最佳的行善方式。舉例來說，如果我現在爲大家服務的行爲，是屬於行善的一種，那麼應該是屬於教育路線，而且是偏向於有力出力的那種，而不是有錢出錢。

如果你的經濟還不錯的話，那麼請想一想，自己生病了，有人可以照顧，有錢可以治病（只是老是醫不好而已），可是那些沒有錢治病的病人，怎麼辦呢？將心比心的想一想，如果你的能力許可的話，不妨贊助一些金錢到醫療團體，讓沒有錢可以醫病的人有重生的希望。這是屬於醫療路線，有錢出錢的行善方式。

如果你的經濟不許可，可是你的體能還有餘力的話，一樣的，將心比心想一想，那些病痛比你嚴重的人，是多麼需要別人的照顧與安慰。到醫院當義工吧！有力就出點力吧！當你學會付出的時候，你的心中只有別人，沒有自己；當你忘了自己的那一刹那，你怎麼可能還會記得自己的病痛呢？

這個社會處處需要義工們的協助，但是，什麼事才是義工眞正該做的呢？祂們教我：「請走到眞正需要的地方，走到眞正需要別人幫忙的地方。那個地方絕對不是寺廟，那個地方有可能是殘障教養所，有可能是看守所，有可能是孤兒院，有可能是精神病院，有可能是醫院的急診室，也有可能是公家機關的某一個部門……。」

走到眞正需要幫助的地方

他問他的事業，還不錯啦！他在寺廟裡當義工。我看到的畫面是在一座寺廟的大殿，一群人剛拜懺誦經完畢，他就進去把所有的墊子收拾好，排列在大廳的一角。另外一天，當大夥兒又在大殿誦經的時候，他一個人默默地在廁所打掃。原來他不認得字，無法和大家一起在大殿做功課，所以只好選擇其他的事情做。

「各位，你們說他好不好呢？」「很好！那是大愛的表現！」

「對不起！老天爺說那不是大愛！這個倒是讓我學了一課，你們聽聽看，看祂們說得有沒有道理？祂們說如果這些人可以到寺廟去誦經，這些人的身體應該都還不錯，既然還不錯，這個義工就不用特別去幫他們的忙。如果可以的話，他應該到眞正需要他幫忙的地方服務，例如醫院、孤兒院、養老院等。我們不能因爲這樣就說他沒有做善事，只不過他應該可以做得更好，所以說慈悲是有，但是智慧差了點，因此，這不是大愛的表現，這只是小愛。」

只要談到宗教，我就不知道該如何是好。台灣的宗教爲什麼會走到這種地步呢？總統和大官們，只會到各寺廟去「湊熱鬧」，卻不屑到慈善團體「加油打氣」。根據我對因果輪迴轉世的了解，這些一天到晚只會跑寺廟的大官們，他們的未來世一定很多采多姿。爲什麼呢？當有人想假藉宗教名義行惡的話，在未來世裡，他們的手腳一定會「優先」出問題，因爲這種行爲就等於是「惡質的乩童」，因果罪刑是要乘以兩倍的。

如果各位以爲菩薩都是「好人」、都是「善人」、「善知識」的話，我們就應該跟隨好人的腳步繼續「行善」，而不是去「侍奉」好人。好人和善人都是很好命的，因爲他們會行善就一定有善報，既然很好命，又有善報，就更不需要我們再去錦上添花了。

如果有人「假藉」菩薩要做法會，要蓋大寺廟，要安金身……，要你捐獻金錢的話，看了我這幾本書之後，您還是決定把錢「奉獻」給他們，對不起！反正還是那一句話，將來的果報，您就自己看著辦吧！菩薩「本身」的事還要由「人」來幫忙，就不配稱做菩薩，比人還不如，根本就是冒牌貨。

再說得嚴重一點，您說：「因爲我想修行，有了菩薩我才能夠心安。」修行修到無法相信自己，無法面對自己，必須靠個「假象」才能夠心安，那麼您比一個小孩還不如。一個正常的小孩，小的時候都會很自然的表現出自己最眞實的那一面。而您卻隨著年歲增長，反而越修越回去了。

修行的眞正意義是指修正自己的行爲，唯有勇於面對自己的一切，才能夠有魄力修正自己的行爲。修行的最高境界應當是不管何時何地，都能夠無所懼的呈現出最自然、最眞實的您。

如果您還想說：「可是，我不是在幫助菩薩，我是在幫助出家人。」請問，出家人有什麼好幫的呢？出家是他們自願，又不是政府強迫他們，他們的「房子」比我們住的大多了，他們要吃素，也是他們自願的……，想一想，他們的一切「好像」都是他們自願的，「出家人」這三個字是職業的名稱，並沒有什麼特殊的意義。

您不覺得他們很好命嗎？他們眞的需要平民老百姓的我們來幫忙嗎？我們還得煩惱三餐、煩惱孩子的品行、學業、房屋的貸款、公婆、父母的身體、煩惱被裁員沒薪水……。您不覺得我們比較歹命嗎？爲什麼出家人不來幫我們？反而要我們去「供養」他們呢？我們領了薪水要繳稅，他們拿了供養金要繳稅嗎？難道他們沒有逃漏稅的嫌疑嗎？他們選擇「出家」是自願的行爲，我們選擇「結婚」也是出於自願，這兩者又有什麼不同呢？

如果您還是不太懂我的意思，那麼就拿「出家人」和「植物人」比一比吧！如果您說：

「雖然不是他們自願當植物人，可是有很多植物人是因為他們自己不注意身體健康而造成的，譬如飆車、喝醉酒等等。」好！這個理由也許有很多人可以接受。那麼再拿「出家人」和「孤兒」、「智障兒」、「殘障兒」、「早產兒」等比一比吧！這些孩子可不是他們自願的吧！為什麼不幫這些人的忙，而非要去幫出家人的忙呢？

如果您又說了：「因為他們接近菩薩，他們會誦經、會超渡，可以幫助我，超渡我的冤親債主，幫助我死去的家人，幫助我趨吉避凶……。」天底下的事情如果這麼簡單，只要蓋個大寺廟，辦個大法會、誦經回向、誦經超渡等等，就可以天下太平、萬事如意的話，那麼乾脆辦個「全國宗教大法會」，全台灣大大小小的老百姓一起跪下來拜，跪下來祈禱，那麼，我們一定就可以加入「聯合國」了，用不著一天到晚看中共的臉色，探美國的風聲，還拿一大堆美金去養一些「同情票」。

在台灣，也有非常棒的出家人，他們不但自力更生，還會號召大眾，集合眾人的力量做一些「入世救人」的工作。沒有性別、宗教、種族、國籍等的分別，哪裡有難，哪裡就看得到他們的付出。注意到了嗎？這些出家人沒有「豪華」（因為我不認為是莊嚴）的寺廟可住，可是我相信他們的內心一定相當「滿足」。再認真的想一想，他們所付出的不就是「醫療」與「教育」嗎？

修行的路上不是只有慈悲就好，少了智慧的慈悲，很容易流於「濫慈悲」。一旦有了「濫」，那就什麼修行也不是了。

有些人只會一天到晚拜訪名師、請教名人，卻忽略了身邊有一大堆小人物的活菩薩，等著我們去向他們學習。「人成即佛成」，當你盡職的扮演好每一個合法的角色時，不用懷疑！當下的你，就是佛，就是菩薩。「佛自心中來」，加油！給你自己掌聲與鼓勵吧！不假外求，從「心」出發，你一定是佛！是菩薩！一定就是祂們來轉世的！

曾經在某一本書裡，看過這樣的一句話：「在靈魂的世界裡，愛重於一切，在那邊，偉大的人並不是以世間的頭銜、地位來衡量的，而是看誰身上最能散發出愛的光芒的人。」

＊天打雷劈

一個年約四十多歲的婦人問：「我想知道爲什麼我先生會突然就過世了呢？爲什麼他會走得那麼快？」

四個字——「天打雷劈」，就這麼簡單的四個字而已，什麼畫面也沒有，更不用說會有什麼故事。我被老天爺唬住了，定了下心，雖然畫面、故事依然空白，但是我非常清楚發生了什麼事，只是該如何印證呢？更何況對一個驟然失去另一半的中年貴婦。

「他是發生了意外嗎？」

「沒有！」

「生病嗎？」

「不是！」

「那妳先生是怎麼過世的呢？」

「他要出國，就在……，一下子心臟出了狀況，就死了！」

「喔！那是意外，對不起！剛剛我沒有說清楚，我所指的意外不是發生車禍被撞之類，而是指突然之間，非一般人所能控制的狀況。」也難怪對方會誤會，我的文學造詣實在是很差勁。

「我看到的是四個字——天打雷劈。妳先生這一世轉世爲人的目的，是來服務的，如果他做錯了，那麼往往懲罰就會很快發生。至於是做錯了什麼？只要是心裡想要傷害別人，或眞的做出對別人有害的事，老天爺就一定會出面處理的。就像剛剛前面有兩位來服務的朋友一樣，如果這些人不好好做的話，當他們沒有利用價值的時候，或危害到眾生的時候，老天爺很可能就會提早把他帶回去。所以我才會一再的強調，這些到人世間服務的人，一定要學會利益眾生，如果他們不能放下身段、不能堅持到底的話，壽命往往是很短暫的。別人的標準也許還好，但是針對這一些人可就不一樣了，老天爺對他們的標準一定很嚴苛。他們的日子隨時都是處在如臨深淵、如履薄冰的狀況，這一點絕對是一般人很難想像得到的。」

「請問妳先生是做什麼呢？」

「我們是做網路行銷。」

「你們有沒有逃漏稅呢？」

因果是建築在法律的基礎上，如果違反法律，一切免談，保證後果一定很嚴重，這是最「公開、公平、公正」的標準，卻也是最令人難以理解的法則。一般人總以為，因果離不開「人」，所以一定是照著「情、理、法」在進行，錯了！因果債權債務的計算標準，絕對是根據事發當時的「時、空」所存在的「法、理、情」在衡量計算的。

「沒有！我們的每一筆交易都是經過網路刷卡進行，紀錄都是清清楚楚的，所以，根本就沒有辦法逃漏稅。」

「請問你們是賣些什麼產品呢？」

「我們的產品很多，總共有兩萬多種不同的產品。」

「有沒有關於色情的呢？」

「當然會有！」

「這就出問題了！一般人也許沒罪，但你先生是轉世來服務的，所以老天爺對他的要求一定更嚴格，也就是說，關於色情的部分出了差錯。」

「這是很普通的東西，大家都在賣，那種片子也不是我們自己拍的。」

「如果我要賣香煙，不用自己製造香煙；賣酒，也不用我自己釀酒。」

「可是大家都有在賣！我的網站不賣，別人的網站也會賣。」

「別人是別人，可是你先生不一樣，因爲他轉世的目的是來服務。想想看，假設你是開錄影帶店，對方如果未滿十八歲，我相信你一定不敢賣給他，因爲那是違法的。但是在網路上就不一樣了，我問你，你有沒有辦法可以確定買方是否是成年人？如果未滿十八歲，那麼你們該怎麼辦呢？在座的父母們你們說說看，是不是身爲父母的都很擔心自己未成年的孩子，受到色情影片不當的影響呢？」台下好多人拚命的點頭。

「那不能怪我們，要怪就要怪那些做父母的沒有把自己的孩子管教好，電腦是裝在你們自己的家中，做父母的當然要爲自己的孩子負責。」

「你這麼說我不同意，我應該請問你，爲什麼你們不在影片上設限，讓未滿十八歲的孩子，無法進入色情網站呢？」

各位，您以爲如何？老天爺做對了嗎？這位太太的辯白，您可以接受嗎？如果您就是這位太太，回家之後該如何處理呢？我不知道她會如何做，我只注意到幾分鐘之後她就先離席了。

＊她是怎麼了

她告訴大家近三個月以來，她無法好好入睡，本來只是晚上睡覺的時候會做噩夢，沒想到，同樣的噩夢一再出現。到後來，連白天想睡覺的時候，一閉上眼也會做噩夢。母親帶她看過醫生，也請教過宗教人士，可是並沒有好轉。

這時候，我已經知道因果故事是什麼了，我知道她沒有說出重點。如果一個人在衆人面前，肯把自己內心最深處、最難以向外人啓齒的「心結」說出來的話，那麼我才可能有辦法幫他，而那些難以啓口的病情，往往是屬於「精神科」醫師的範圍。

「一般來說，如果常常會重複做同樣的夢，那麼有可能這一個夢境，就是過去世裡發生在妳身上的一件大事。對別人來說，也許沒什麼大不了，但對當事者而言，卻往往是讓他牽腸掛肚或悔恨交加，或者是一輩子走不出來的陰影。這種在過去世走不出來的心結，通常會繼續帶到這一世來，有時候在睡夢中，有時候在打坐中，甚至於在不經意中，也會像念頭一樣，突然閃過眼前。」

「我問妳，妳夢到的是關於什麼樣的噩夢呢？」

「大部分看到的都是一些人形或者是災難。」

「是屬於有形的，還是無形的呢？」

「是屬於無形的，是在夢中看到的！」

「那些無形的人在做些什麼呢？爲什麼妳會覺得害怕呢？」

「因爲那些人影會靠近我，讓我覺得很害怕。」

「妳說，會有人影靠近妳，都是同一個人嗎？」

「不同的人。」

「噩夢驚醒之後，妳覺得怎麼樣呢？」

「醒來之後，都會覺得全身冰涼。」

「在過去世裡，妳是一個到處流浪的女乞丐，沒有家人，身體也非常虛弱，正因爲如此，所以常常被不肖的男人欺負、強暴。妳非常氣憤、難過，可是卻無力抵抗。又因爲妳是個到處流浪的人，所以強暴妳的地方，大部分是在荒郊野外，因此，當妳噩夢醒來的時候，常常就會覺得全身冰涼。那一世到後來，妳的精神狀況眞的是出了點問題。」

「我問妳，在夢境中，那些人靠近妳，是要做什麼呢？」

面對這些人，我一定不會手軟，爲了「拉出」這些人，只有「刑求」，在衆人面前，一層一層的剝、一件一件的脫，「逼迫」他們說出事實。也許，我不見得在事前就知道答案，但是，在對方尚未說出事實之前，在對方「尚未掉下眼淚」之前，我不會讓他們有喘息的機會（唯有在說出眞相之後，他們才會掉下眼淚）。

「是的！我眞的就是常常夢到被別人侵犯。」終於說出口，她哭了。

「一開始我就說，如果常做同樣一個夢，那麼通常就有可能是當事者在過去世曾經發生過的事情，而且這件事情讓他產生很大的心結。」

「可是我也常常夢到死人，看到有人在辦喪事。」

「一般人，隨著自己年紀的變化，所關心的事情也會跟著變化，妳的年紀漸漸老了，再加上後來妳的精神狀況出了問題，所以，就會開始注意死亡的問題。」我自己也不太滿意自己的這一番說詞。

「是不是因為她是個到處流浪的乞丐，而一般人辦喪事的時候大都是在屋外舉行，所以，她就會比常人更有機會看到辦喪事的場面。」在場的一位讀者加了這一段話，這個解釋比我的說詞更具有說服力。

「知道這一個因果故事之後，妳走得出來嗎？我只能調個資料告訴妳，沒有辦法幫妳其他的忙，一切都要靠妳自己走過來。不要急！慢慢來！半年之後，妳大概就會走上當義工的路，所以我知道，妳一定會走得出來的。」

「那一世妳死了之後，原諒了這些曾經傷害過妳的人，至於其他方面，妳的條件也符合升天的標準，所以那一世妳升天了。這一世的妳，是為了考試而下來轉世的。妳是一個修得很好的人，在這一世裡，除了考試之外，還帶有一點服務的責任。老天爺希望妳能夠藉由自己的心路歷程，把自己走出來的經驗告訴那些有類似狀況的朋友，幫助他們走出陰影。也就是說，妳應該可以去做一些像心理諮商的義工。」

「有一個重點妳要特別注意，像妳這樣因爲考試而來轉世的人，往往直覺會比較靈，體質也比較容易被附身，所以妳要很小心。一旦被附身過一次，那麼就很容易再被附身，問題是到底是誰來附身，是菩薩？是陰靈？或是其他的，妳又不知道。如果常常被附身，那麼久了之後，妳的身體就非常容易出問題，因爲人的磁場和靈界的磁場，一定不一樣。最後，不是肉體出了問題，就是精神方面出問題，所以，妳眞的要很小心。」

「像這樣子的人，我都會建議他們不要隨便到廟裡去拜拜，也不要隨便打坐。修行，是要在生活上修正自己的行爲，而不是靠打坐修行；幫助別人，是要走到眞正需要幫忙的地方，而不是到廟裡拜拜、當義工。」

在座談會裡講這樣子的話，沒有人「敢」對我怎麼樣，但是要把這一段話寫出來、公諸大衆，倒是要有相當的心理準備，因爲我的因果理念和目前台灣的宗教觀念，根本就是在打對台。沒關係！我認爲「對」的，而且「符合這個時空」背景的，我就會勇敢的說出來。

座談會結束之後，同場的讀者與她閒聊：

「妳是不是比同年紀的朋友或同事早熟呢？是不是她們有什麼問題，都會找妳談談呢？

妳是不是常常會爲她們解答難題呢？」

「是啊！我的朋友常常會來找我傾訴，因爲她們覺得我看事情的時候，比較會讓自己從事件當中跳出來，比較會從另一個角度來衡量問題。」

＊將軍的女兒

她年約十七、八歲的樣子，是將軍的女兒。發生戰爭了，大夥兒開始逃難，父親把她送往後方，拜託一個好友照料她，將軍的好友是在山中的孤兒院當院長。

畫面就停在將軍的女兒在餵孤兒吃飯的樣子。這一段在山中孤兒院的逃難日子，對她而言是人生最大的轉捩點，因爲看到孤兒，才讓她感受到自己是多麼好命。從此之後，她沒有離開過孤兒院，一直就待在孤兒院幫忙，後來還當到院長的職務。

這個故事「聽起來」似乎很感人，可是對我而言，並沒有什麼「感覺」，因爲她的問題是：「我想知道我和大兒子的因果關係，大兒子九歲。」

台下的她哭了，奇怪？這種故事有什麼好哭的呢？何況我還沒有說出她兒子在因果故事中的角色是什麼。

「妳爲什麼要哭呢？」

「我是教書的，因爲現在教改的亂象，害得學校的老師還有學生的家長都不知道該如何教育小孩子，所以我才想到做一些補救教學的工作。我現在才知道，爲什麼一樣是在教書，可是我就比別人更容易招收到學生。」

「妳是教什麼的呢？」

「我是教小朋友功文數學。」

「教功文數學不是不太好賺嗎？」

「還好啦！我已經教十一年了，我的收入還可以維持生活，所以才可以讓先生辭掉工作，專心準備考公職。平常我也常常在學校當愛心媽媽，只要我認爲小朋友有需要，我都會自掏腰包幫孩子們免費準備教材，親自教他們。」

「這是很正常的現象，過去世妳所做的工作就是在服務小朋友，所以到了這一世裡，因爲受到過去世的影響，小朋友自然就會是妳的貴人了。還有，妳在這一世裡還是帶有服務的命，妳應該好好的再繼續做下去。」

「那我大兒子和她是什麼關係呢？」坐在隔壁的先生問。

「大兒子就是那些孤兒們派來報恩的代表。」

*留一手

注意到了嗎？中國人實在是很聰明卻很「保守」，保守到捨不得把自己的「偏方」、「祖傳秘方」、「獨門絕活」，好心地「教」給別人。就因爲捨不得拿出來獻寶，所以這些寶物最後變成廢物。它們從來就沒有「改進」，也就不會「進步」，最後的結果，一定就是「步向死亡」。

不瞞各位，我也注意到另一種情形，申請到越多「專利」的人，往往他們的「前途」與「錢途」越不順利。當然，這些人一定曾經風風光光過，但是，他們的風光絕對走不了多久。中外皆是如此。

祂們常「警告」我，日子也許可以留白，但是千萬不要「留一手」。只有在「不」留一手，全部放下的時候，身體才會「變輕」，才容易升天。人的轉世，既然是爲了學習與服務，就應該傾囊相授，教學相長。當「一無」的時候，才能「所有」，而「心量有多大，世界就有多大」。

人生新境

●本書目定價若有調價，以再版新書版權頁上之定價為準●

(1)缺憾的超越	李翠玲著
(2)行為的新境界——理論與應用	游伯龍著
(3)心戰——現代人的掙扎與突破	張小鳳等著
(7)相愛一生——談夫妻相處之道	梁竹君譯
(8)改變思維改變你	李普生譯
(9)富而好理	黃美姝譯
(10)生活一〇一	李普生譯
(11)腳冷時別買帽子——做自己生涯的決策者	吳傑民譯
(12)拒絕的真諦	李鴻長譯
(13)邱吉爾演講術	方美玲譯
(15)給兒女的一封信	彭淮棟譯
(16)財富一〇一	彭淮棟譯
(17)活出自己的如來	鄭石岩著
(18)心的挑戰	傅佩榮著
(19)四十不晚：中年追夢族的故事	李梅蘭著
(20)生活贏家：成功的 118 條策略	莊安祺譯
(21)情緒的管理——如何增進你的 EQ	何灣嵐譯
(22)打開心中死結	鍾尚熹譯
(23)生機換生機	李秋涼口述

更詳細之簡介，請上聯經網站：http://www.linkingbooks.com.tw

伶姬作品集

如來世3：因果論一

2005年6月初版　　定價：新臺幣300元
2016年6月初版第七刷

著者	伶姬
總編輯	胡金倫
總經理	羅國俊
發行人	林載爵

出版者	聯經出版事業股份有限公司
地址	台北市基隆路一段180號4樓
台北聯經書房	台北市新生南路三段94號
電話	(02)23620308
台中分公司	台中市北區崇德路一段198號
暨門市電話	(04)22312023
郵政劃撥帳戶第	0100559-3號
郵撥電話	(02)23620308
印刷者	世和印製企業有限公司
總經銷	聯合發行股份有限公司
發行所	新北市新店區寶橋路235巷6弄6號2F
電話	(02)29178022

叢書主編	林芳瑜
校對	蘇淑惠
	趙蓓芬
封面設計	古其創意

行政院新聞局出版事業登記證局版臺業字第0130號

本書如有缺頁，破損，倒裝請寄回台北聯經書房更換。　ISBN 978-957-08-2875-7 (平裝)
聯經網址 http://www.linkingbooks.com.tw
電子信箱 e-mail:linking@udngroup.com

國家圖書館出版品預行編目資料

如來世3：因果論一 / 伶姬著.
--初版. --臺北市：聯經，2005年
368面；14.8×21公分.（伶姬作品集）
ISBN 978-957-08-2875-7（平裝）
[2016年6月初版第七刷]

1.因果(佛教)-通俗作品

225.87 94008790